Guias do Escritor

Francisco Castro

Tradução: Gabriel Perissé

COMO ENCONTRAR SEU ESTILO DE ESCREVER

As chaves para alcançar a expressão pessoal

1ª reimpressão

Copyright © 2008 Francisco Castro

Título original: *Cómo encontrar tu estilo literario*

Todos os direitos reservados pela Editora Gutenberg. Nenhuma parte desta publicação poderá ser reproduzida, seja por meios mecânicos, eletrônicos, seja via cópia xerográfica, sem a autorização prévia da Editora.

EDITORA RESPONSÁVEL
Silvia Tocci Masini

CAPA
Alberto Bittencourt

ASSISTENTES EDITORIAIS
Felipe Castilho
Carol Christo

DIAGRAMAÇÃO
Christiane Morais
Andresa Vidal Branco

PREPARAÇÃO
Cristina Antunes

PROJETO GRÁFICO DE CAPA E MIOLO
Patricia De Michelis
Diogo Droschi

Dados Internacionais de Catalogação na Publicação (CIP)
(Câmara Brasileira do Livro, SP, Brasil)

Castro, Francisco
   Como encontrar seu estilo de escrever / Francisco Castro ; tradução Gabriel Perissè. -- 1. ed.; 1. reimp. -- Belo Horizonte : Editora Gutenberg, 2022. – (Guias do Escritor ; 6)

   Título original: Cómo encontrar tu estilo literario.
   ISBN 978-85-8235-196-3

   1. Arte de escrever 2. Criação (Literatura, artística etc.) - Estudo e ensino 3. Estilo literário I. Título.

15-01288   CDD-808.02

Índices para catálogo sistemático:
1. Arte de escrever 808.02

A **GUTENBERG** É UMA EDITORA DO **GRUPO AUTÊNTICA**

São Paulo
Av. Paulista, 2.073 . Conjunto Nacional
Horsa I . Sala 309 . Cerqueira César
01311-940 . São Paulo . SP
Tel.: (55 11) 3034 4468

Belo Horizonte
Rua Carlos Turner, 420
Silveira . 31140-520
Belo Horizonte . MG
Tel.: (55 31) 3465 4500

www.editoragutenberg.com.br
SAC: atendimentoleitor@grupoautentica.com.br

Dedico este livro a todos os alunos
e alunas das nossas oficinas literárias.

Obrigado por tudo o que
aprendi com vocês.

Sempre acreditei que cada um trabalha com seu próprio estilo e que, instintivamente, sabe qual é o melhor método.

Júlio Verne

Sumário

INTRODUÇÃO 11
   Os dez mandamentos 16

1. A BELEZA ANTES DE TUDO 17
   "Um texto" é diferente de "um texto bem escrito" 18
   Um exercício de estilo 23
   Outro exercício de estilo 27
   Resumindo 28

2. A VERDADE E A VEROSSIMILHANÇA 29
   A literatura é a grande mentira (mas sua voz parece "verdadeira"?) 30
   Alguns exercícios de estilo 37
   Resumindo 38

3. DIZER E MOSTRAR 39
   Onde está a medida certa? Qual a musicalidade das boas histórias? A opção de estilo e a autoridade da voz 40
   Um exercício de estilo 43
   Outro exercício de estilo 44
   Mais exercícios de estilo 51
   Ainda outros exercícios de estilo 54
   Resumindo 56

4. O QUE CARACTERIZA A BOA LITERATURA? 57
   A vida e a literatura 58
   Resumindo 63

5. TECER E DESTECER: PENÉLOPE TAMBÉM ESCREVIA 65
   Pense como leitor. A importância da revisão 66
   Resumindo 75

6. O QUE COMEÇA BEM TERMINA BEM 77
Sobre a arte de começar e terminar 78
Comece o dia com energia, e alguma coisa quente antes de dormir 80
Posso prometer e prometo: a importância do prazer estético 81
Seja um escritor pluridimensional – Enunciação *versus* figuração 82
Direto ao assunto: entrego-lhe um personagem; ou um trator (ou: a primeira impressão é a que fica) 83
Por onde começar? Pelo começo, é claro! 84
Algumas palavras (finais) sobre o final 85
Resumindo 88

7. CONCLUSÃO 89
Afinal, como é um livro escrito com bom estilo? 90

8. NOTAS 91

Introdução

Escritores existem muitos. Mas não existem muitos iguais a você.

Neste sentido, é importante dizer logo de início uma coisa essencial: um escritor com estilo próprio possui esse estilo *pelo fato de ser uma pessoa diferente*.

É o que nos diz José Saramago em seus *Cadernos de Lanzarote*, referindo-se ao que lhe contou uma de suas leitoras:

> Uma leitora na Feira: "Quando li o *Levantado do Chão* disse comigo: este escritor é diferente dos outros." Acertou em cheio. Não disse "melhor que os outros", disse "diferente", e não imagina a que ponto lhe fiquei grato. Saiba que entre as milhares de palavras que até hoje se escreveram a meu respeito, nunca tinha encontrado essa. Diferente. Tem razão, diferente. E a mais não aspiro.***

Para que desejar mais do que isso?

Todo mundo gosta de autores singulares.

E com uma clareza ainda maior do que a de Saramago, o grande Jack Kerouac (cujo estilo de escrever e viver é inconfundível) expressou essa mesma ideia, justamente no livro em que nos conta como foi sua formação como escritor:

> É assim que os escritores começam, imitando seus mestres (sem sofrer como eles), até que adquiram seu próprio estilo.*

Mais que escrever como os maiores escritores, você deve aspirar a encontrar seu próprio estilo, ambicionando tornar-se um grande escritor ou uma grande escritora:

> Procure encontrar sua própria maneira de contar histórias. Procure definir seu estilo literário. Tenha coragem de ser diferente.

Muitas pessoas participam de minhas oficinas porque dizem que querem escrever, ou porque gostam de escrever, ou por sentirem prazer em escrever. Não há nenhum problema nessas motivações. Podem servir como ponto de partida interessante numa oficina literária ou em outras atividades de aprendizagem no campo da literatura. No entanto, logo no primeiro dia, eu sempre lhes digo a mesma coisa: o mais importante não é escrever, mas tornarem-se escritores.

Acredito que todos nós sabemos distinguir com clareza uma obra-prima de um simples livro. Publicam-se milhões de livros por ano, mas bem poucos chegarão a ser considerados clássicos, muito poucos possuem a qualidade necessária para resistirem à passagem do tempo e, ao longo das gerações, comoverem novos leitores, fazerem o leitor refletir e vibrar de entusiasmo. Esses poucos textos são mais valiosos do que um livro, são mais que meras folhas de papel ricamente encadernadas.

É o que nos diz de modo cristalino o escritor Truman Capote, no prefácio de seu livro *Música para camaleões*, ao falar – do mesmo modo que Kerouac – sobre o início de sua trajetória de escritor:

> Comecei a escrever aos 8 anos – a partir do nada, sem qualquer exemplo que me inspirasse. Jamais tinha conhecido alguém que escrevesse; a bem da verdade, conhecia poucas pessoas que liam. Mesmo assim, as únicas quatro coisas que me interessavam eram: ler livros, ir ao cinema, sapatear e desenhar. Então, um belo dia, comecei a escrever, sem saber que me acorrentara para o resto da vida a um amo nobre mas impiedoso. Deus, quando nos dá um talento, também nos entrega um chicote, a ser usado especialmente na autoflagelação.
>
> Mas é claro que eu não sabia disso. Escrevia contos de aventura, de mistério, policial, esquetes, histórias que ouvi de ex-escravos e veteranos da Guerra Civil. Era tudo muito divertido – num primeiro momento. Só parou de ter graça quando descobri a diferença entre escrever bem e escrever mal, e em seguida fiz uma descoberta ainda mais alarmante: havia uma diferença entre escrever muito bem e a verdadeira arte; sutil, mas devastadora. Daí em diante, o chicote não parou mais de descer![1]

Uma coisa é escrever e outra é escrever bem. Mas ainda é preciso discernir entre "escrever bem" e praticar a autêntica arte de escrever.

Nas próximas páginas pretendemos fazer com que você compreenda que uma das chaves para não apenas escrever mas tornar-se escritor ou escritora, para não apenas escrever livros, mas ir além disso, é o estilo. O estilo é a música das palavras, é o modo como você decidiu unir as letras para produzir beleza, explicar o mundo, penetrar em nossos corações, investigar nossa vida... Talvez soe meio exagerado, mas temos de afirmar que o estilo literário é tudo num livro. É claro que a trama é importante. Os personagens também, obviamente. A capacidade de produzir suspense, sem dúvida. Mas o que de fato nos apaixona, o que torna um texto mais do que um simples texto é o estilo, essa bênção que, na hora da criação, leva o autor ou a autora a um estado de graça, influenciados pelo qual escrevem desse modo e não de outro. Por isso o texto é mágico, insubstituível, clássico, indispensável, obra-prima, singular (ou diferente, como prefere dizer Saramago). Poderíamos usar outros muitos adjetivos. Estes são suficientes, por enquanto.

Este livro pretende ajudar você a encontrar sua própria voz literária. Quer contribuir para que você reflita sobre como os mestres escrevem e, portanto, por comparação, sobre como você escreve. Para que você se encontre como escritor/escritora é importante que, ao escrever se esforce muito para tornar audível um tom singular somente seu. Uma das ideias que serão retomadas aqui várias vezes é que precisamos ser obcecados pela revisão: para obter segurança, e para brilhar.

Repito: todos nós podemos oferecer uma lista mais ou menos longa de grandes nomes da literatura cuja escrita gostaríamos de imitar. Mas não é este o caminho. Ler os clássicos é fundamental para aprender, porém o que realmente importa é que você escreva com seu próprio estilo.

Nas oficinas literárias que tenho conduzido há muitos anos, a minha maior alegria é comprovar, à medida que passam os meses, como cada participante vai encontrando seu caminho pessoal, a sua própria voz.

É lógico, porque escrever tem muito a ver com o autoconhecimento. Sempre volto a dizer: não escreva sobre o que você não gosta. Não escreva sobre algo em que você não acredite, sobre algo que não tenha nada a ver com você. Se o fizer, seu texto parecerá falso, suas palavras não "soarão". Talvez conclua o seu livro com maior ou menor brilhantismo. Talvez você experimente uma certa alegria pelo trabalho realizado. Mas, não duvide, se você escrever desse modo, a sua literatura, o seu estilo, será digno de lástima, limitado, sem interesse. Vulgar. Previsível. Ainda que gramaticalmente correto.

Você deve, portanto, conhecer-se bem, descobrir o escritor ou a escritora que você é, lutar com as palavras para encontrar o seu próprio caminho. Encontre-o e não renuncie a ele. Não se desvie dele nem um milímetro. Ainda que pareça difícil trilhá-lo, você deve ser fiel ao seu caminho.

Outra agradável sensação que vivencio nas oficinas é ver aquele participante que nunca imaginou ser bom, por exemplo, escrevendo para crianças, descobrir, ao término dos trabalhos, que nasceu para isso e já tem em mente um livro de literatura infantil. E como não ficar feliz quando aquele outro participante, aparentemente menos talentoso, surpreende a todos no final da oficina afirmando que deseja reunir seus poemas num livro? Ele, poeta. Quem poderia prever? Ele, que sequer é um grande leitor de poesia! Mas em ambos os casos, pela forma de escrever, de organizar as palavras sobre o papel (pelo estilo literário, em suma), entenderam que seu caminho é esse e não outro. E já não se interessam em simplesmente escrever. O que querem, agora, é começarem a ser os escritores em que deverão se transformar.

Porque encontraram a sua voz. Sua maneira de contar histórias. De expressar-se.

Agora se tornaram escritores.

Como disse a escritora Lou Andreas-Salomé: "Ouse ser o que você é".

> Ouse descobrir como você escreve.

Queremos ajudar você a procurar sua própria voz. É isso o que nos seduz ao ler os grandes nomes da literatura. Não é muito difícil identificar, mesmo sem nenhuma pista, um texto de Jorge Luis Borges (mistura de culturalismo, trama filosófica, labirintos e tigres). Porque seu estilo é inconfundível. O de Gabriel García Márquez (realista e mágico ao mesmo tempo). Estilo singular. O de Charles Bukowski (implacável, direto, irônico, mordaz). Voz queimante e palavras macias. O estilo de Federico García Lorca, o de Edgar Allan Poe, o de James Joyce, o de José Saramago, o de...

Este livro pretende ser ambicioso, pois vai nos fazer refletir sobre o que vamos escrever e de que forma; mas também sobre o que temos de calar, o que é preciso silenciar, que cartas guardar na manga para só jogá-las sobre a mesa de nossa história no momento certo...

Sim, um livro ambicioso.

Porque na hora de escrever precisamos ser ambiciosos.

Como disse Italo Calvino em seu livro *Seis propostas para o próximo milênio*:

> A excessiva ambição de propósitos pode ser reprovada em muitos campos da atividade humana, mas não na literatura. A literatura só pode viver se se propõe a objetivos desmesurados, até mesmo para além de suas possibilidades de realização. Só se poetas e escritores se lançarem a empresas que ninguém mais ousaria imaginar é que a literatura continuará a ter uma função.[2]

Sejamos ambiciosos, portanto. E aspiremos à beleza.

Porque um estilo sedutor é um estilo belo.

Para que você tenha condições de praticar a ambição de que estamos falando, vejamos os dez mandamentos que você terá de seguir para se realizar como escritor/escritora.

OS DEZ MANDAMENTOS

1. Ouse escrever. Sempre há tempo para corrigir. Perca o medo do papel em branco, preenchendo-o com suas palavras. Assim, o papel não ficará mais em branco, e você já não terá medo.
2. Faça anotações, sempre. A inspiração pode nos invadir a qualquer momento. Ideia não registrada é ideia perdida para sempre.
3. Pense cada palavra que for empregar, pesquise-a. Você tem certeza de que esse conceito é o que você realmente estava procurando?
4. Lute para que os seus personagens sejam dignos da vida que você lhes deu.
5. Ame a literatura pelo que ela é: produção de beleza.
6. Pratique o autoconhecimento, porque você sempre escreverá sobre você mesmo(a).
7. Tenha certeza de que existe um modo mais simples de formular o que você acabou de escrever e considera perfeito.
8. Como escritor ou escritora, você deve encantar o leitor. Por que alguém iria ler seus textos se não gostasse deles?
9. Toda a boa literatura já foi escrita. Mas, pensando bem... ainda falta o livro que você vai escrever.
10. Desobedeça a esses dez mandamentos, se a literatura pedir isso a você.

1.
A beleza antes de tudo

"UM TEXTO" É DIFERENTE DE "UM TEXTO BEM ESCRITO"

Há alguns anos, saiu uma notícia dizendo que os bebês "preferem" um rosto bonito a um rosto feio. Os bebês, pelo visto, são muito espertos. Preferem os(as) bonitos(as). Eu também prefiro. E certamente você, e essa pessoa ao seu lado, e aquela outra, e também quem estiver passando agora em sua rua. Outra coisa é se concordarmos sobre o que é belo e o que não é (embora os bebês saibam muito bem o que é bonito de uma forma, digamos, instintiva...).

Desde a antiguidade grega até hoje o tema da beleza tem sido muito discutido. Platão se cansou de escrever sobre a questão. Mas não se chegou a um acordo. E provavelmente nunca se chegará. E sabemos a razão: tudo é relativo. E sobre os gostos (felizmente) não há nada escrito. Esta é a nossa sorte. Nós, feios, sempre encontraremos alguém que goste de nós, apesar de não sermos encantadores do ponto de vista físico. Ou, em outras palavras, sempre haverá alguém que nos considere bonitos. Somos bonitos para esse alguém. Logo, existe algo de belo em nós. E não estou me referindo à famosa e arquicitada "beleza interior". Quem nos ama nos vê bonitos. Tal visão não se deve ao fato de que o amor (pela produção de endorfina e de não sei mais quantas substâncias) faz com o que o cérebro não funcione corretamente, mas porque, de alguma forma, somos realmente bonitos. Mesmo que só um pouquinho...

Com a literatura acontece exatamente a mesma coisa.

Por isso é sempre importante insistir na busca da beleza em tudo o que escrevamos. Outras pessoas preferem dizer que é necessário produzir um texto bem escrito. São duas formas de expressar a mesma ideia. Acredito sinceramente que, na hora de escrever, você deve se esforçar para que aquilo que diga seja "belo", que agrade, que atraia o interesse do leitor. Não estou dizendo isso, obviamente, num sentido moral ou formal. Trata-se do sentido mais literal da palavra, e me refiro àquilo de que eu falava no primeiro parágrafo deste capítulo: os rostos bonitos nos seduzem. A vida é mais fácil quando você se parece com Brad Pitt ou com Angelina Jolie. Um texto bonito, um texto bem escrito, um texto bem trabalhado, e cuidado, e medido, e ponderado, com as palavras escolhidas a dedo, na quantidade certa (etc., etc.), será mais sedutor para quem lê (mais atraente, mais desejável) do que outro que foi escrito descuidadamente. O tema é o que menos importa. A sedução do texto reside no modo como é escrito.

Vejamos um exemplo: quem leu muitos textos de José Saramago pode afirmar com segurança que é capaz de reconhecer um trecho de qualquer um dos seus romances, mesmo que não venha com sua assinatura. Estou exagerando, é verdade, mas quem já se deleitou com os livros deste autor português sabe muito bem a que me refiro: em seus textos existe uma "música" peculiar, há em todas as frases uma cadência característica, um "som" próprio que converte a leitura de suas obras num maravilhoso exercício de prazer. Os leitores de Saramago entendem do que estou falando: essa maneira de escrever os diálogos, de fazer soar as frases que os personagens pronunciam sempre de maneira breve, direta e ao mesmo tempo com um lirismo comedido, a forma como o narrador observa os acontecimentos, sempre atento aos detalhes sutis, imperceptíveis ao olhar comum, mas que ele amplifica através das palavras. Nisso tudo consiste o seu estilo.

Estou falando de Saramago, mas neste momento cada um dos leitores deste livro poderia lembrar centenas de nomes de seus escritores prediletos, e comprovaríamos que essas premissas estão presentes e se cumprem em todos eles. Algo nesses autores nos seduz. E esse algo é o estilo.

(Para comprovar o que estou dizendo, mergulhe nas páginas do livro de Saramago, *Memorial do convento*.)

A esse respeito, a poeta nicaraguense Claribel Alegría, no livro *Mágica tribo*, relata as dificuldades que enfrentou quando o poeta Robert Graves pediu a ela e ao marido (o norte-americano Darwin J. Flakoll, cujo apelido era *Bud*) que traduzissem alguns poemas seus para o espanhol:

> Demoramos três anos para completar a tradução. Primeiro, eu fazia uma tradução literal e a mostrava para Bud, que sugeria uma série de correções. A seguir, eu retomava o texto, procurando "conservar a sua música". Lembro-me que andava pelo meu escritório, lendo em voz alta o poema de Robert, em inglês, e depois a minha versão em espanhol. Quando eu já tinha feito o máximo que podia, mostrava o poema para Robert, que acrescentava excelentes observações.[**]

Como vemos, a poeta-tradutora (talvez por sua dupla condição de autora e versejadora dos poemas de outros) tem plena consciência de que a tradução, do ponto de vista literário, não terá nenhum valor estético se não for capaz de conservar a musicalidade presente no original. Os poemas de Graves, repletos de música, são muito bonitos. E uma boa tradução deverá não somente esforçar-se para preservar o sentido dos versos como também esmerar-se em preservar toda a sua beleza

É exatamente isso o que devemos procurar no momento em que paramos para escrever. Mesmo que a história a contar seja cruel, com cenas duríssimas. Ou um drama em que faça o leitor comover-se até as lágrimas. Não importa. Escreva-a e faça com que seu texto seja belo.

Faça literatura.

> Quando você for escrever, não procure produzir textos. Procure fazer literatura.

Sempre que escrevo este tipo de coisas – que é preciso procurar a beleza, que é necessário esforçar-se para produzir "um texto bem escrito" e não apenas "um texto" – sempre me invade a forte sensação (que passa logo, pois sei que tenho razão) de que estou apenas tentando transmitir a minha obsessão (esta é a palavra exata) pelo aperfeiçoamento (tema ao qual dedicaremos muitas páginas no final deste livro). Estou de tal modo convicto de que um texto SEMPRE pode ser melhorado que, como autor, sou impelido a reescrever meus textos até me sentir relativamente satisfeito. E isso que aplico à minha literatura é, também, o que se deve pedir a qualquer pessoa que recorra a este livro buscando ideias para seu trabalho literário.

Digamos que, neste sentido, seguimos o pensamento de Mark Twain quando escreveu: "A diferença entre a palavra exata e a palavra 'quase' exata é a mesma que existe entre a luz de um relâmpago e a de um vaga-lume".

Sobre este tema Gabriel García Márquez escreveu em *Como contar um conto*:

> Não há verdadeira criação sem riscos, e portanto, sem uma cota de incertezas. Eu nunca torno a ler meus livros depois de editados, com medo de encontrar defeitos que tenham passado despercebidos. Quando vejo a quantidade de exemplares vendidos e as maravilhas que os críticos dizem, dá medo descobrir que estão todos enganados.[3]

> Corrija seu texto até que esteja absolutamente seguro de que era isso e não outra coisa o que você desejava ver no papel. Aperfeiçoe o texto. Trabalhe o estilo. Que a leitura de seu texto seja prazerosa. Não basta contar a história pura e simplesmente, por mais apaixonante que esta lhe pareça. O que realmente importa é contá-la bem.

Gabriel García Márquez sabia que sempre era possível escrever melhor. Sempre podemos aprimorar uma frase, dizer algo de um modo melhor, o texto é sempre melhorável. "Aperfeiçoável". Em suma, você deve se concentrar na busca, digamos assim, dos "defeitos de estilo". Talvez você possa simplificar uma expressão. Ou fazer com que soe mais natural. E o que pretendo com essas recomendações? Pretendo que os leitores deste livro se preocupem com o estilo. Quero que se concentrem em descobrir como escrevem. Estou fazendo com que tomem consciência de como empregam a palavra. Estou fazendo com que concentrem sua atenção na linguagem.

Escutemos a confissão de Truman Capote:

> Acho que a maioria dos escritores, mesmo os melhores, escreve além da conta. Prefiro escrever de menos. Simples, claro como um regato. Mas sentia que meu texto estava ficando denso demais, que eu precisava de três páginas para chegar a efeitos que deveria ser capaz de produzir num único parágrafo.[4]

Acredito eu (e à medida que vou publicando novos livros vejo que isto me preocupa cada vez mais) que o verdadeiro ato de escrever consiste em corrigir o que foi escrito. Por isso, neste livro, voltaremos a falar muitas vezes (como já o estamos fazendo agora, e no final chegaremos a detalhar ainda mais a questão) sobre a correção.

Pois é preciso escrever contra si mesmo.

Dizia Jean-Paul Sartre que era preciso pensar contra si mesmo. Essa atitude exigente com relação ao pensar deve ser a mesma com relação ao escrever.

Escreva contra você mesmo. Seja exigente antes de considerar que uma página já está terminada. Afaste-se da autocomplacência, por mais que outras pessoas lhe digam que o seu texto é muito bom. Seja você o seu melhor crítico. O seu maior crítico.

A escritora Francis Prose, no livro *Para ler como um escritor*, expressou-se do seguinte modo:

> Para qualquer escritor, a capacidade de olhar uma frase e identificar o que é supérfluo, o que pode ser alterado, revisto, expandido ou – especialmente – cortado é essencial. É uma satisfação ver que a frase encolhe, encaixa-se no lugar, e por fim emerge numa forma aperfeiçoada: clara, econômica, bem definida.[5]

Milan Kundera (autor de obras nas quais podemos aprender muito sobre a arte de escrever, como em seu famoso romance *A insuportável leveza do ser*, ou os contos de *Risíveis amores*, ou em seus ensaios de teoria literária como *A arte do romance* e *A cortina*) disse certa vez que o narrador, antes de mais nada, é um poeta. Possivelmente isso explica um pouco melhor o que pretendemos dizer aqui sobre a importância de buscar a beleza, o texto perfeito, o fragmento, ou o conto ou o romance, digamos, "impossível de corrigir" (de corrigir mais).

Dessa frase de Kundera eu extraio a seguinte lição: na hora de escrever, busque a perfeição como se estivesse criando um poema. Não se trata de ser lírico ou poético. Não é a isso que me refiro. Quero dizer que se no poema é necessário cuidar de todas e de cada uma das palavras, e se nenhuma palavra deve faltar ou estar ali a mais, também na narrativa temos de tomar os mesmos cuidados, como se estivéssemos construindo versos, contando sílabas, atentos às rimas e às estruturas.

Num poema, uma palavra a mais (ou a menos) pode converter o que era para ser um caminho elevado numa ribanceira asquerosa (Italo Calvino dizia que a poesia é contrária ao acaso). Na narrativa acontece a mesma coisa. O extremo cuidado, o mimo com a palavra, na prosa, deve ser o mesmo que utilizamos ao escrever um poema. É o que pensa Kundera e é o que fez ver José Saramago, quando, no lançamento de sua *Poesia completa* (2005), declarou:

> No fundo, não deixei de ser poeta, mas um poeta que se expressa através da prosa e provavelmente [...] é possível que eu seja hoje mais e melhor poeta do que pude ser quando escrevia poesia.[6]

O Saramago mais conhecido, de fama universal, não foi precisamente o Saramago poeta. Quem leu seus poemas o fez porque admirava o narrador. Mas em sua prosa percebemos a musicalidade poética, esse dizer bem-acabado que faz da leitura um autêntico prazer. Fomos capturados pela beleza de seu estilo, pelo seu manejo da semântica, pelo seu feliz encontro – signos linguísticos como intermediários – conosco, com os leitores. Thomas Mann, no seu ensaio "A arte do romance", escreveu quase a mesma coisa:

> Meu sentimento é incapaz e não tem vontade de estabelecer uma diferença de categoria ou de essência entre a epopeia e o romance.[7]

Ou como dizia Augusto Monterroso: "O bom ritmo de uma boa prosa quase sempre procede da leitura de poetas."[8**]

> Uma boa maneira de exercitar o estilo literário é lendo poesia. Experimente que tudo o que você escreve seja tão redondo como é, ou sempre deveria ser, um verso. Então você conseguirá um belo texto.

Conforme palavras de Kundera em *A cortina: ensaio em sete partes*:

> "Sem o saber o homem vive sob a sedução da beleza."[9]

Como os bebês.

> Procure chegar a um ponto do trabalho em que tenha a sensação de que seu texto está perfeito. Que não está faltando nem sobrando nenhuma palavra, vírgula ou ponto. Nada. Que retirar uma só letra seria destruí-lo.

Se você tiver isso em mente (a obsessão por um belo texto), produzirá um bom livro. Alcançará seu objetivo. Terá leitores.

Foi como disse certa vez o cientista e escritor Jorge Wagensberg: "Uma pessoa só ganha adeptos para a sua causa através da beleza".

UM EXERCÍCIO DE ESTILO

Procure escrever um texto inspirando-se no famoso "relato" do já citado escritor Augusto Monterroso:

Quando acordou, o dinossauro ainda estava ali.

Poderíamos dedicar algum tempo para refletir sobre a força evocadora do texto (e discutir se temos aí um relato ou não. Eu afirmo que não, pois um relato é um pouco mais elaborado. Contudo, foi nada menos Monterroso quem o escreveu, e por isso podemos aceitar que, no caso concreto deste texto, trata-se de um conto, em razão dos bons momentos que o autor nos proporcionou com suas obras. Convido o leitor a se aproximar, por exemplo, do livro *Movimiento perpetuo*, em que há relatos "verdadeiros". Não esqueçamos, porém, a voz autorizada de Italo Calvino, que jamais se cansou de reconhecer que adoraria ter escrito esse conto. Para ele, de fato, era um conto).

Caberia falar agora sobre o que o relato do dinossauro nos sugere, explicar que a força dessa frase reside em tudo aquilo que "mostra" mais do que "diz" (o leitor encontrará mais à frente um capítulo específico a respeito da diferença entre "dizer" e "mostrar", dois assuntos cruciais – quase diria os mais cruciais – em relação ao estilo literário)... Enfim, poderíamos destrinçar o pobre dinossauro que ainda estava ali quando ele ou ela acordou.

O exercício aqui proposto consiste em escrever um "relato" semelhante, a partir do texto do escritor guatemalteco.[1]

As regras são bem claras.

Você só pode utilizar sete palavras e uma vírgula.

Tais condições assustam.

Mas o resultado, superado o espanto inicial, é sempre espetacular.

Digamos que você escreva a seguinte frase:

"E aqui estou, cozinhando sozinho de novo."

Nada mal para começar! Sete palavras e uma vírgula. Exercício feito. Escrevi "um texto". E se observarmos bem, este "relato" nos conta muitas coisas. Assim como no texto de Monterroso, temos uma evocação.

Abrindo o relato, vemos esse "aqui", antecedido pelo "E". O leitor está autorizado a pensar em mil lugares aos quais esse "aqui"

---

[1] No livro *Los buscadores de oro* (autobiografia publicada em 1993), Augusto Monterroso escreveu: "Sou, me sinto e sempre fui guatemalteco, mas nasci em Tegucigalpa, capital de Honduras". (N.T.)

possa se referir. Vem à minha cabeça um longo périplo até que se chegue ao "aqui" (seja onde for esse "aqui"), uma espécie de épica odisseia pessoal.

Intuímos que não foi fácil chegar a esse "aqui". A conjunção "E" com que o relato começa deixa em evidência que muitas coisas aconteceram antes. Que há toda uma biografia prévia. O verbo "cozinhar", por outro lado, remete o leitor, sem dúvida, ao ambiente doméstico, a um local privado, no qual o protagonista está concentrado em seus próprios pensamentos. No entanto, a palavra mais forte das sete é "sozinho". Associamos imediatamente essa palavra a todo um universo semântico que converte numa tragédia a brevíssima narrativa. "E aqui estou, cozinhando sozinho" nos conduz a um terrível mundo de ausência, de escuridão vital, de tristeza quase infinita, de melancolia e derrota, de frustração e dor. De fracasso. Para arrematar, a expressão "de novo", com que o relato termina, nos remete a episódios repetidos, talvez de fracassos sentimentais, a um desequilíbrio vital produzido por certa incapacidade para conservar ao seu lado a pessoa amada, a uma derrota após outra e após outra e após outra e após outra...

As interpretações, como no caso do dinossauro, podem se multiplicar e com elas poderíamos encher um livro inteiro. Mas se trata, sobretudo, de um "relato" melancólico, tristonho, desesperançado. E temos aí "um texto". Um bom "texto".

Mas insistimos que é preciso um esforço para buscar a beleza. Para fazer um texto ainda melhor. Um texto perfeito. Um conto que seja impossível corrigir. E o fato é que o breve texto que acabamos de analisar ainda pode ser corrigido. E muito. Por ser possível corrigir esse texto, aperfeiçoá-lo do ponto de vista estilístico, quero mais e tentarei ir mais longe.

Quero muito mais.

Pergunto-me sobre o que aconteceria se algo fosse acrescentado. Com sete palavras e uma vírgula, se quisermos, podemos chegar muito longe.

Depois de refletir bastante (depois de ler e ler com olhar crítico), pergunto-me se o texto deveria ou não explicar o que o protagonista está cozinhando. Ele estava sozinho. De novo. É óbvio que não me refiro ao alimento "real". Pouco ou nada importa o que o protagonista vai comer. Para nos deleitarmos com um texto literário (voltaremos a esse tema em outra parte deste livro) muitas coisas são dispensáveis (um dos grandes erros dos escritores principiantes costuma ser o desejo de dizer coisas além da conta, de querer contar tudo. É um erro estilístico, portanto. Por vezes, é preferível silenciar, não dizer nada sobre algumas coisas, deixando que o leitor use a imaginação. A ação muitas vezes transcorre nas entrelinhas. Também temos de saber escrever sem usar palavras). O que eu quero saber realmente é se quem estava sozinho, de novo, cozinhava algo mais interessante, do ponto de vista literário, do que qualquer alimento mais ou menos saboroso.

É claro que estou pensando num prato final bem saboroso.

Lá vai:

"E de novo, cozinhando lágrimas para dois."

Exercício feito, de novo.
Sete palavras e uma vírgula.
Viu como era possível ir ainda mais longe?
Leiamos com atenção esta nova proposta:

"E de novo, cozinhando lágrimas para dois."

É óbvio que já obtivemos aqui "um texto bem escrito" e não apenas "um texto".

Façamos um exercício de leitura atenta, observando os detalhes.

Mantivemos o clima melancólico do texto anterior. Desapareceu a referência à solidão, mas o início do relato, "E de novo", nos permite continuar imaginando uma biografia de infelicidade. Contudo, o que torna o texto bem melhor é que, nesta segunda versão, somos informados sobre o que o protagonista está cozinhando.

Preste atenção: ele está cozinhando lágrimas.

O alimento escolhido é surpreendente. Lágrimas... O texto – agora sim – começa a seduzir (começa a ser literário). Todo mundo compreende que as lágrimas não são o verdadeiro conteúdo das panelas dessa cozinha. A expressão "cozinhar lágrimas" tornou-se uma ampla metáfora para mil e uma coisas diferentes (dentre as quais, obviamente, nenhuma é lágrima). Na primeira versão do relato nós tínhamos um personagem solitário. Agora existem pelo menos dois. O relato nos remete agora a duas biografias e não apenas a uma, a duas vidas em lugar de uma (explicaremos mais à frente – um capítulo inteiro – que os romances, os bons romances, é que explicam a vida), e o relato, além disso, alude as duas vidas com um passado comum (que imaginamos ser uma sucessão de momentos de alegria/risos e de fracassos/lágrimas), com um presente (incerto) e, sem dúvida, com um futuro. O fato de que o nosso protagonista esteja cozinhando lágrimas (de novo) é o que confere ao relato a sua força literária. O texto de agora, como o de Monterroso, e como em sua primeira versão, utiliza somente sete palavras e uma vírgula.

Mas tornou-se um texto muito bom, do qual podemos nos orgulhar.

Alguém se atreveria a corrigi-lo? Ou teria coragem de dizer que falta algo ou que algo está sobrando ali?

No exercício anterior, observamos o grande esforço na busca das palavras exatas para que o "relato" ficasse redondo. Era isso, precisamente, o que fazia Italo Calvino admirar a literatura de Jorge Luis Borges. Em seu *Por que ler os clássicos*, Calvino escreveu a respeito do estilo do autor argentino:

> [...] uma linguagem toda precisão e concretude, cuja inventiva se manifesta na variedade dos ritmos, nos movimentos sintáticos, nos adjetivos sempre inesperados e surpreendentes, isso é um milagre estilístico, sem igual na língua espanhola, de que só Borges tem o segredo.[10]

Linguagem precisa. Expressões concretas. Variedade de ritmo. Movimentos sintáticos. Adjetivos inesperados e surpreendentes (Borges definia a poesia como "uma metáfora que excita a imaginação"). Calvino disse tudo: um milagre estilístico.

Busque a linguagem precisa. Invente novas relações sintáticas. Encontre adjetivos inesperados e surpreendentes. Escreva um belo texto.

OUTRO EXERCÍCIO DE ESTILO

Às vezes é interessante fazer um exercício de escrita poética voltado para a realização de um grande esforço na criação de beleza, mas empregando palavras que *a priori*, para falar a verdade, têm muito pouco de belas.

Poderíamos começar refletindo a respeito do motivo pelo qual gostamos de poesia, ou sobre os motivos que tornam um poema capaz de nos seduzir e atrair. Portanto, poderíamos falar um pouco acerca do ritmo, da estrutura e de outras questões dessa natureza. Em última análise, a ênfase recairia sobre a musicalidade das palavras.

Poderíamos também falar algo acerca das "belas palavras", ou seja, daqueles vocábulos que, pela carga semântica a que estão associados, geram no leitor, digamos assim, sentimentos positivos e elevados. Refiro-me a palavras óbvias como Lua, mar, beleza, olhar... Coisas assim.

São palavras que parecem as mais adequadas para uso poético, sem dúvida, mas o exercício que proponho consiste em escrever um poema de amor utilizando necessariamente as seguintes palavras:

- marketing
- empresa
- mercado
- competência
- trâmite
- certificação
- fundos
- fator
- grupo
- análise

Tente escrever um poema com essas dez palavras. Você acha impossível criar um poema de amor com semelhante material?

Também havia quem duvidasse ser possível escrever um grande relato com sete palavras e uma vírgula...

RESUMINDO

- Busque sempre a beleza. Que o seu estilo seja belo.
- Mais importante do aquilo que você conta é o modo como você conta.
- Procure proporcionar prazer ao seu leitor. Seduza-o.
- Um belo texto é aquele que possui musicalidade.
- Não escreva. Faça literatura.
- O verdadeiro escritor está sempre corrigindo seu texto. Você ainda pode dizer de um modo melhor. Para um escritor, aprimorar é sinônimo de escrever.
- Busque a simplicidade. Não sobrecarregue os textos desnecessariamente.
- Leia poesia. É uma das melhores formas de aprendizado na busca do seu estilo literário.

2.
A verdade e a verossimilhança

A LITERATURA É A GRANDE MENTIRA
(MAS SUA VOZ PARECE "VERDADEIRA"?)

Diz um antigo aforismo jornalístico: "Nunca deixe que a realidade estrague uma boa notícia".

Sem entrarmos agora nas implicações morais dessa recomendação, o certo é que a frase tem também sua validade para o exercício literário. A verossimilhança do que você escreve é mais importante do que a verdade. Ou, em outras palavras, o importante é que os leitores acreditem naquilo. Eu sei que não existem elfos (suponho que não), nem anéis com poderes sobrenaturais (assim espero). Já tenho idade suficiente para saber que dragões jamais existiram (sorte nossa!), nem o Rei Artur com sua *Excalibur* (que pena!), ou (também infelizmente) o Ciclope que Ulisses cegou. Mas quando leio os livros que me contam histórias que nunca aconteceram, que nunca poderão acontecer, ou que são simplesmente absurdas de um ponto de vista "real" (pensemos nos temas da ficção científica como o teletransporte e coisas parecidas; pensemos em tudo o que ouviu Júlio Verne quando apresentava suas invenções literárias), o que menos me importa (a menos que eu seja um leitor muito arrogante ou esquisito) é a verdade do que estou lendo. O que me preocupa mesmo é a história, a trama, a construção dos personagens, a intriga, a paixão que o escritor deixa transparecer e que me empolga como leitor.

O que me importa é o que eu sinto.

Se o que leio me faz sentir, durante a leitura, que aquilo tudo é verdadeiro, então trata-se de algo "verossímil".

Em seu *Tratado geral de semiótica*, Umberto Eco nos recorda que os medievais definiram o ser humano como o único animal capaz de mentir. E já que estamos falando da mentira, devemos lembrar que a forma mais deliciosa da mentira é a arte (incluída a literatura). Num quadro sublime, vejo uma fonte da qual emana água azul. Ora, eu sei que a água não é azul. Isso é uma mentira. Água azul? Onde já se viu algo assim! Mas nesse quadro em especial a água tem de ser azul. Era necessário, para o artista, pintar essa água azul. E porque assim o fez, me deleito com essa obra de arte enquanto objeto estético. Acredito em tudo o que lá se encontra.

O mesmo acontece na literatura.

O escritor tem a obrigação de ser "verossímil".

Um dos aspectos mais preocupantes na busca dessa verossimilhança é a documentação. Precisamos dedicar todo o tempo possível a essa tarefa. Se você não se documentar, ou se documentar mal, o resultado final perderá em coerência, não será crível, e, definitivamente, você terá fracassado como autor. Se der atenção a essa etapa, no entanto, tudo será possível. A literatura receberá você de braços abertos. Mas é preciso investir tempo. Como leitores, já tivemos algumas vezes a triste experiência de ler e não depositar a menor confiança naquilo que estamos lendo. Exceto nos casos em que lutamos muito para prosseguir na leitura, em geral, nesse tipo de situação, costumamos abandonar o livro rapidamente e buscar com urgência outro mais "convincente".

> Busque a coerência. Por mais "estranha" que sua história seja, deve ser coerente e "lógica".

Por exemplo, se você pretende escrever uma história que se passa no século XVI, preocupe-se em não narrar algo absurdo, algo que o leitor ache estranho ou considere ilógico, mesmo sendo ele um leigo em História. Imagine, por exemplo, que em sua narrativa existam soldados. Não é necessário que seus uniformes sejam exatamente como os usados naquela época (mas seria muito bom que fossem), pois praticamente ninguém terá em mente, com exatidão, como são esses uniformes, mas nem em sonho coloque nas mãos deles uma lanterna elétrica! E quando eles falarem, procure expressões que pareçam típicas do século XVI.

Outro exemplo: se vou escrever um romance que se passa no ciberespaço, entre computadores, *bytes*, *gigabytes*, e outros tantos elementos desse universo que é a informática, deverei ter consciência de que se um personagem meu for um *hacker* terá de comportar-se exatamente como um *hacker* (precisarei me informar, portanto, sobre tudo aquilo que define, do ponto de vista técnico, vital e estético, os *hackers* em seu dia a dia de *hackers*).

É importantíssimo que o espaço criado por mim na minha narrativa seja verdadeiro para o leitor durante a leitura. Não há razão para que tudo seja descrito com absoluta (e entediante) precisão, segundo as leis da física e da química (que sempre voltarão a "reinar" quando interrompo a leitura), mas deve ser verdade como literatura. Logo, sempre será necessária uma certa documentação que nos ajude a construir a "verdade literária". Seja qual for o tema sobre o qual escrevamos.

É claro que não dispomos de uma documentação "objetiva" sobre fadas (que não existem, mas podemos estar informados a respeito graças a leituras feitas desde a infância, graças ao cinema, e a diversas outras fontes, o que nos permite saber como são estes seres, se voam ou não, como se vestem, de que modo e onde surgem etc.), mas sempre é possível realizar pesquisas. Objetivamente, por exemplo, é possível descobrir que tipo de plantas venenosas existem e fazer com que uma fada beba um chá dessa planta e, por causa disso, acabe sofrendo algum tipo de transformação "de fada".

Saramago fez algumas reflexões sobre a verossimilhança em seus *Cadernos de Lanzarote:*

> Os professores têm razão, o autor do *Memorial* não escreveu um livro de História e não tem nada a certeza de que a sociedade portuguesa do tempo fosse, *realmente*, como a retratou, embora, até ao dia em que estamos, e já onze anos completos são passados, nenhum historiador tivesse apontado ao livro graves erros de fato ou de interpretação.***

Em suma, embora a literatura seja a grande mentira, é preciso esforçar-se para que pareça verdadeira (pense, por exemplo, no êxito obtido por romances como *O código da Vinci*. Quantas pessoas acreditaram que era verdade o que ali se conta? Esquecendo agora a questão dos méritos literários desse *best-seller* – se é que os tem –, o certo é que, tal como foi escrita, essa narrativa é no mínimo verossímil. Pelo menos deve ser essa a opinião de milhões de pessoas que compraram o livro. Ou pensemos na quantidade de pessoas que acreditavam de pés juntos nas histórias que Júlio Verne publicava na imprensa sobre as andanças que Phileas Fogg prometera fazer ao redor do mundo em oitenta dias, apresentando-as como se estivessem acontecendo naquele momento; os leitores corriam diariamente para a banca de jornal para saber em que lugar do planeta o aventureiro estava. Pensemos ainda no dia em que Jonathan Swift teve que ler, alucinado – em pleno século XVIII! – a carta que um padre também publicou na imprensa tentando provar que as viagens de Gulliver jamais tinham acontecido, o que torna evidente que os leitores realmente haviam acreditado nelas. No lugar de *O código da Vinci*, poderíamos ter citado *A catedral do mar*, de Ildefonso Falcones, ou *O espião de Deus*, de Juan Gómez Jurado, ou *Os pilares da Terra*, de Ken Follet. Milhões de leitores acreditam, enquanto estão lendo essas narrativas, que é tudo verdade. Embora nada daquilo, afinal, possa ser verdadeiro).

> Escreva sempre procurando a verdade literária.

A busca da verdade literária é especialmente importante quando escrevemos um relato ou um romance histórico. Desprezar a pesquisa poderá levar o escritor a cometer graves erros. Devo documentar-me, ler sobre as condições reais do tempo histórico a respeito do qual eu pretendo escrever. Ao mesmo tempo, porém, meu relato não precisa ser um exercício de "minuciosidade documental". Embora seja minha intenção retratar o ambiente, as roupas e as palavras usadas na época em que se passam as ações do relato, não é o caso de ficar obcecado e tornar o texto tão prolixo e detalhista ao ponto de fazer o leitor perder de vista o esencial: a trama, os acontecimentos, o puramente literário. O importante é que contemos a vida. A documentação, os dados, tudo o que sei sobre essa época é útil na medida em que me ajude a fazer o leitor sentir que estou narrando a vida daqueles personagens. Tudo isso são ferramentas, não o essencial. Mais do que a objetividade, o que importa é a ficção. Como já dissemos: a verossimilhança mais do que a verdade. Se eu utilizo bem as técnicas literárias (palavras, palavras e palavras: na literatura só trabalhamos com palavras), cuidando do modo como expresso as coisas, e o faço como se deve e como o tema merece – estilo –, então o leitor acreditará no meu relato e terei êxito como escritor.

Na literatura "coisas" acontecem. Trabalhamos ficcionalmente. Ao escrever, criamos um espaço no qual se mesclam dados objetivos (fatos) e imaginação. Que a fantasia não entre em choque com a objetividade.

Dediquemos, portanto, algumas palavras ao tema da documentação.

Talvez seja desnecessário chegar aos excessos de Júlio Verne, como se lê nessa entrevista concedida a Marie A. Belloc, e publicada no *Strand Magazine*, em 1895:

> Quanto à exatidão das minhas descrições, eu as devo, em grande medida, ao fato de que, antes mesmo de começar a

escrever minhas histórias, costumo fazer numerosas anotações a partir da leitura de cada livro, jornal, revista ou estudo científico que cruza o meu caminho. Todas essas anotações foram, e são, classificadas de acordo com o assunto pertinente, e você poderá imaginar o quanto boa parte desse material é valiosa para mim. [...] Assino mais de vinte jornais, e sou leitor assíduo de toda a literatura científica. Mesmo que algo não se refira diretamente ao meu trabalho em dado momento, gosto de ler ou ouvir a respeito de qualquer nova descoberta ou experiência nos âmbitos da ciência, da astronomia, da meteorologia ou da fisiologia.*

Isso explica porque seus romances eram tão convincentes. Júlio Verne nunca pôs o pé na África, mas consultou inúmeros mapas do continente africano para escrever *Cinco semanas num balão*, e podemos jurar que é verdade tudo aquilo que ele nos conta sobre os protagonistas dessa viagem através da África, as descrições dos rios e até os ritos religiosos e o comportamento das tribos com que os aventureiros entram em contato, embora nenhum de nós tenha estado lá (tampouco o autor). Para a redação de *Viagem ao centro da terra*, Verne dedicou muito tempo à leitura de estudos sobre geologia. Seus personagens tinham de descer por um vulcão. E ele nos explica como as camadas da terra vão se sucedendo à medida que desciam. Era preciso saber do que estava falando, e ele o sabia porque pesquisava. Em *20.000 léguas submarinas* o capitão Nemo visita a ria de Vigo para recuperar os galeões ali afundados numa famosa batalha naval entre as frotas franco-espanhola e anglo-holandesa no século XVIII. Ele sabia que ali estavam (e estão) os galeões afundados, repletos de ouro e joias provenientes do Novo Mundo. A cena descrita no livro é possível, pois a batalha de fato ocorreu. Júlio Verne nos conta tudo com vivacidade, e nós usufruímos de sua narrativa sem desconfianças, porque estamos vivendo e "vendo" aquela aventura. Graças ao modo como Júlio Verne narra, graças aos dados que nos oferece e graças à forma como os personagens falam.

É verdade.

Para que não haja confusão: o escritor deve se preocupar com os dados... mas só até certo ponto. Só até onde os dados interessem à literatura. A "verdade" é necessária. Mas talvez nem tanto assim como *a priori* poderíamos pensar. Talvez, às vezes, convenha inclusive "mentir", falando objetivamente, ou "ignorar" determinadas verdades, se for para a história sair ganhando.

> Procure a verossimilhança no que você escreve. Mais importante que dizer a verdade, é que o leitor acredite que é verdade o que você lhe conta no espaço da narração. Documente-se, mas não permita que os dados reais estraguem uma boa história. "Minta" o quanto for necessário, se a literatura assim pedir.

Aos 20 anos de idade, Marguerite Yourcenar começou a escrever (e a desfazer-se muitas vezes de manuscritos anteriores e futuros) o seu magistral *Memórias de Adriano*, que só foi publicado aos 48 anos, ou seja, vinte oito anos depois, em 1951. Durante todo esse tempo, foram centenas de leituras, anotações, tentativas e fracassos, êxitos e depressões quase diariamente em torno de tudo o que ia colocando no papel.

O livro soa como a evocação maravilhosa de um tempo que se foi e jamais voltará (especialmente revelador é o primeiro capítulo, no qual, despojado de suas vestes, no leito, sendo examinado pelo médico, o imperador Adriano mostra-se consciente de que sua hora chegou e de que a morte é inevitável). Poderíamos imaginar que a quantidade de documentação teria sido suficiente para ela escrever uma biografia, mais do que um romance. De fato, durante aqueles anos de trabalho essa ideia passou muitas vezes pela cabeça da autora. No entanto, ela mesma nos confessa ter entendido que, num dado momento, tendo como ponto de partida o Adriano real, "surgiu" (na escrita romanesca) "outro Adriano", e foi aí que o romance finalmente começou a fluir e a tornar-se aquilo que agora podemos ler.

Em seus *Cadernos de notas* das *Memórias de Adriano*, diz claramente:

> Em certos momentos, aliás pouco numerosos, aconteceu-me sentir que o imperador mentia. Era preciso então deixá-lo mentir, como, de resto, todos nós.[11]

A documentação, portanto, é ferramenta fundamental para o escritor. E por isso devemos, sim, procurar dados e informações. Mas de um modo "inteligente" (tendo em vista a literatura, não a história, não a biografia, não a verdade).

Quanto a isso, um conselho que dou a todos é que carreguem sempre um pequeno bloco de anotações. Perdi a conta de quantos já preenchi com apontamentos, reflexões pessoais sobre o modo mais adequado de apresentar determinado personagem, sobre como desfazer um impasse no desenvolvimento de um romance ou de um conto que parece insolúvel... Não pesa nada carregar esses blocos e eles são muito úteis. Quando estou mergulhado no processo criativo de um conto ou romance, faço constantes anotações. Minha cabeça funciona como uma antena, pronta para captar tudo o que possa servir para a história. Porque o escritor é um grande observador. E se está "ligado" poderá utilizar a própria realidade como proveitosa fonte de documentação. Do que outras pessoas estão falando, do que se diz na televisão, do que se lê numa revista. Tudo pode ser válido na hora de nos documentarmos. Além, é claro, dos métodos de documentação clássicos: os livros, sempre repletos de informação valiosa.

Mas esse bloco de anotações deveria ser o seu companheiro inseparável. Nunca sabemos quando a inspiração nos assaltará. Às vezes, estamos, por exemplo, no meio de um trabalho, na empresa, e subitamente percebemos que aquele homem que se encontra na fila, aguardando para ser atendido, tem precisamente o rosto que durante vários dias procurávamos para o protagonista do conto que estamos escrevendo. Essas "inspirações" existem. Claro que existem. Mas, como se diz com frequência, ela deve nos encontrar trabalhando com esforço (mais do que inspiração, temos que acreditar na "transpiração"). Não é uma *boutade* nem uma frase feita um tanto vaidosa que os escritores usam quando passam meses escrevendo um romance e convivendo com seus personagens. É algo absolutamente real. De repente é algo que aparece na televisão, ou uma notícia no rádio, ou uma frase que se escuta no ônibus... Por isso é muito importante carregar algo onde se possam fazer anotações.

Pois a inspiração vai embora do mesmo jeito que veio... a menos que você a recolha numa anotação.

> Tenha sempre com você um bloco de apontamentos em branco onde possa fazer suas anotações a qualquer hora. A inspiração chega quando quer e não necessariamente quando estamos dispostos a produzir nossos textos. As grandes ideias não registradas perdem-se para sempre.

Truman Capote, no livro que já citamos antes, conta-nos algo nesse sentido:

> O mais interessante que eu escrevia naquela época eram as despojadas observações corriqueiras que registrava em meu diário. Descrições de vizinhos. Longas reproduções de conversas entreouvidas. Mexericos locais. Uma espécie de noticiário ou reportagem, um estilo de "ver" e "ouvir", que mais tarde haveria de exercer séria influência sobre mim, embora na época eu não o percebesse.[12]

ALGUNS EXERCÍCIOS DE ESTILO

Um interessante exercício é a busca da verossimilhança.

Procure escrever uma narrativa dessas que eu costumo chamar de "à *la* Tchékhov", ou seja, uma narrativa em que os personagens são "normais", "cotidianos", "comuns"... (como podemos comprovar facilmente no livro de Anton Tchékhov *A dama do cachorrinho e outros contos*).[13] Uma narrativa sobre pessoas normais, com seu comportamento normal. O fato de que escrevamos sobre um motorista de ônibus, um escriturário, sobre um professor ministrando sua aula, enfim, sobre personagens facilmente reconhecíveis por todos, faz com que coloquemos uma grande energia para torná-los críveis. Você poderá escrever uma narrativa dessas e pedir depois a alguém que a leia e responda à seguinte pergunta: as descrições que faço desses personagens soam verdadeiras?

Outro exercício para praticar a verossimilhança, mas totalmente oposto à sugestão anterior, é tentar conferir credibilidade a uma história protagonizada por um personagem "obscuro", "anormal", "estranho"... diretamente inverossímil.

Podemos propor que se escreva uma história protagonizada por algum desses personagens: um duende, uma médium, uma múmia, um praticante de telepatia, um fantasma, um vampiro, um vidente... A exigência adicional é que estes seres, em seus atos, palavras, reações etc., comportem-se com "normalidade", isto é, de uma forma coerente com a sua condição fantástica. Desse modo, o duende aparecerá nos lugares mais inesperados, com um ar travesso; a médium poderá entrar em contato com os mortos; a múmia estará envolta da cabeça aos pés em velhos tecidos e provavelmente caminhará com os braços esticados para a frente; o personagem que pratica telepatia captará o pensamento dos outros à distância, ou será capaz de transmitir os seus próprios pensamentos a outras pessoas, e assim com todos os representantes desse mundo fantasmagórico sobre o qual vamos escrever e que precisarão ser "críveis".

Para escrever bem sobre esse tipo de personagens, sem dúvida inexistentes (que sorte!), também é necessário pesquisar. Teremos de consultar livros "especializados" em esoterismo, fazer as devidas buscas na internet e, certamente, ler algumas obras específicas como, por exemplo, as *Histórias extraordinárias* de Edgar Allan Poe, para citar um livro entre muitos desse mesmo teor. Onde vamos obter informações é irrelevante (há pessoas que nunca leram Bram Stoker, autor do romance gótico Drácula, mas sabem muito sobre vampiros graças ao cinema). Escreva sobre esses seres, esforçando-se para torná-los "reais" (para o leitor).

Na maioria das vezes você alcançará bons resultados.

RESUMINDO

- Devemos tornar qualquer história verdadeira mediante nossas palavras. O importante é que os leitores acreditem no que estão lendo.
- Temos de investir todo o tempo que for preciso na documentação. Investigar também é escrever.
- Mas a documentação é apenas uma ferramenta. O fundamental é perseguir a verdade literária, a verossimilhança.
- Carregue sempre um bloco de anotações. A "genialidade" não registrada desaparece para todo sempre.

3.
Dizer e mostrar

ONDE ESTÁ A MEDIDA CERTA?
QUAL A MUSICALIDADE DAS BOAS HISTÓRIAS?
A OPÇÃO DE ESTILO E A AUTORIDADE DA VOZ

Neste terceiro capítulo, veremos um dos aspectos em que mais devemos nos concentrar quando nos dedicamos ao trabalho literário:

É mais importante mostrar do que dizer.

Uma história diz; uma grande história mostra (lembre-se da comparação que Mark Twain faz entre a luz de um vaga-lume e a de um relâmpago). Quando pronunciamos diante de alguém a frase "eu te amo", estamos dizendo. Mas quando Pablo Neruda escreve em *20 poemas de amor e uma canção desesperada*: "Quero fazer contigo / o que faz a primavera às cerejas",[14] está mostrando, porque, obviamente, as amadas (ou os amados) não florescem. Literalmente falando isso não acontece. Felizmente! No entanto, todos ficamos emocionados com esses dois versos e vemos com perfeição a grandeza do amor que o poeta sente e registra em seu poema. Ao seu modo, trata-se de dois versos descritivos. Fazer um ser humano florescer é certamente um erro, mas é na escolha dessas palavras que está o acerto (literário).

Porque a palavra diz, e a literatura mostra.

Ao dizer, eu faço uma narrativa direta, simples, referindo-me aos fatos, concentrando-me, por exemplo, na trama, sem maiores ambições, pensando no conteúdo da história que quero contar e não mais do que isso. Já o ato de mostrar, tomando a palavra como uma ferramenta imaginativa, é fazer com que apareça (e caberia aqui dizer: que floresça) algo maior, mais intenso, mais profundo.

Esclareçamos um pouco mais essa questão.

(Vou me valer agora do trabalho do filósofo austríaco Ludwig Wittgenstein que, em seu *Tractatus logico-philosophicus*, estabeleceu que a ciência dizia, ao passo que tudo o que estivesse fora do âmbito científico – por exemplo, a poesia – só poderia ser mostrado).

É um lugar-comum afirmar que a boa literatura possui profunda carga evocadora. O termo "evocação" tem muito a ver com recordação. Quando uma palavra escrita por alguém foi tão bem escolhida a ponto de mexer em minha memória, tornando presentes certas lembranças, trazendo à tona determinados temas, fica evidente que o texto está mostrando algo que transcende as letras impressas no papel. O texto não diz, mas algo está ali. Esse é o motivo pelo qual certas frases nos seduzem por sua beleza. Evocam (e provocam) sensações que talvez digam respeito somente a mim e não aos outros leitores. Uma frase bem escrita (lembre-se do primeiro capítulo), num contexto narrativo ou poético, não está composta apenas de palavras, mas traz em si muitas outras coisas (força, beleza...). É o que acontece também com belas músicas. Algumas composições possuem notas mais ou menos harmoniosas. É só o que nos oferecem e talvez não esperemos muito mais do que isso. Certas músicas, porém, seja pela inspiração compositiva, seja pela interpretação, nos proporcionam muito mais. Alegria. Vontade de viver. Afugentam a melancolia. Por isso é necessário cantar (e contar) com o coração. Com um estilo eficaz.

Temos de optar por um estilo.

Porque escrever implica fazer essa opção. Posso saber que história eu vou contar, e isso é importante. Já tenho em mente (e registrado no meu bloco de anotações), depois de ter dedicado muitas horas, dias ou meses a isso, quais e quem são meus personagens, quantos são, como são. E isso também é muito importante. Mas existe ainda algo mais importante na literatura: a opção de estilo.

> Sei o que eu quero escrever, mas como vou escrever? Devo tomar uma decisão a respeito da minha opção de estilo. Imagine o papel como uma pauta musical na qual devem aparecer as notas necessárias para transmitir o que você quer transmitir. O texto não pode ser dissonante. Deve mostrar coisas que não estejam escritas.

Vejamos um exemplo que deixará as coisas ainda mais claras.

Primo Levi escreveu a *Trilogia de Auschwitz*. Três obras duríssimas sobre uma terrível experiência pessoal. Levi precisa contar sua história nesse campo de concentração e vai nos informar como a sorte salvou-lhe a vida (pela necessidade de mão de obra, o governo alemão decidiu conceder a vários prisioneiros alguns meses de vida antes de enviar-lhes para a câmara de gás). Seus livros nos falam do horror cotidiano nos campos de extermínio, mas também sobre a própria condição humana, sobre o valor da dignidade, sobre o que é e o que não é humano. Todos sabemos o que se passou naquele lugar. Já se escreveram centenas de livros e se produziram inúmeros filmes e documentários sobre este assunto, contando a mesma história de mil modos diferentes. O que haverá de especial no texto de Levi para que esteja catalogado como um dos melhores trabalhos escritos sobre o horror causado pelos nazistas?

O que há em sua obra, entre outras coisas, é uma opção de estilo. Primo Levi decide (opta por) escrever do ponto de vista da testemunha. Poderia produzir um texto realista, repleto de referências às sensações que experimentou durante seu cativeiro e posterior libertação. E algo disso existe, sem dúvida. Poderia concentrar-se na brutalidade praticada pelos nazistas e em sua desumanidade. Também isso está presente em seus livros, claro. No entanto, Primo Levi decide transformar-se diante do leitor (e escrever a partir dessa perspectiva) numa testemunha. Os três livros estão empapados de uma linguagem extremamente controlada. Uma linguagem medida e comedida. Uma palavra sóbria. Comporta-se, de fato, como uma testemunha que simplesmente deve contar algo que viu e quer fazer o seu relato com certo distanciamento.

Esta é a sua opção de estilo. E assim que ele nos mostra a crueldade de tudo aquilo.

Algo semelhante, embora com outros propósitos, é a musicalidade que configura o relato de *O nome da rosa*, de Umberto Eco. Adso de Melk, já ancião, intuindo a proximidade da morte, não quer partir sem antes deixar por escrito, como testemunha ocular que foi, tudo o que viveu com seu mestre numa assustadora abadia, há muitos, muitos anos atrás. Esse tom de quem olha as coisas a uma grande distância é sua opção de estilo e, sem dúvida, uma das chaves da beleza do livro, e o que fez dele um romance histórico singular. De fato, conheço muitos leitores que não apreciam muito o romance histórico como gênero mas adoram esta obra de Umberto Eco. Em razão de sua musicalidade. Em razão do modo como foi escrita.

Italo Calvino escreveu:

> Direi que a partir do momento em que começo a pôr o preto no branco, é a palavra escrita que conta: à busca de um equivalente da imagem visual se sucede o desenvolvimento coerente da impostação estilística inicial, até que pouco a pouco a escrita se torna dona do campo. Ela é que irá guiar a narrativa na direção em que a expressão verbal flui com mais felicidade, não restando à imaginação visual senão seguir atrás.[15]

Portanto, e como já havíamos afirmado em outro momento, precisamos decidir sobre o "como" das palavras e o "quê" das palavras. E tendo tomado essa decisão, devemos ser, como diz Calvino, coerentes com o enfoque estilístico inicial. Com a sonoridade dessas palavras.

Porque, em última análise, o material com que elaboramos a rede da literatura são as palavras.

As palavras cotidianas.

As palavras de todos os dias.

Mas essas palavras combinadas de tal forma que produzam beleza, que nos levem a outro lugar, que nos ofereçam algo a mais.

Nos *Cadernos de notas* das *Memórias de Adriano*, Marguerite Yourcenar, revisando todo o processo de escrita dessa obra-prima, nos diz:

> Como o pintor instalado diante de um horizonte desloca sem cessar o seu cavalete ora para a direita, ora para a esquerda, eu tinha afinal encontrado o ponto de vista do livro.[16]

Só quando encontramos o ponto de vista com clareza, podemos começar a escrever.

Você deve optar por um estilo.

UM EXERCÍCIO DE ESTILO

Proponho que você se atreva a fazer um exercício de "transgressão semântica" das palavras, das estruturas e das formas. Ou seja, quero forçar você a tomar uma decisão, a fazer uma opção de estilo. Gosto de chamar este exercício de "Palavragens", com a intenção de nos conduzir ao território do risco linguístico que, em geral, traz bons resultados literários.

Convém esclarecer que não se trata de ficarmos presos a picuinhas verbais, criando apenas vocábulos e frases mais ou menos originais e engenhosas. Nem de nos contentarmos com trocadilhos e brincadeiras mais ou menos criativas. Para que você realize bem este exercício, a exigência é que o texto produzido seja poético.

Refiro a algo assim:

"Vi você. E minha pele se empinou".

Detenhamo-nos por um momento.

A pele não se empina. No máximo, podemos dizer que a pessoa sentiu um arrepio, ou que seus pelos se eriçaram. Que a pele fique empinada mostra uma série de coisas ao mesmo tempo. E isso acontece porque a gramática, a semântica e a lógica foram jogadas pela janela...

Como vemos, o escritor com estilo não confia na gramática, na semântica ou na lógica. Se for o caso, inventa uma outra gramática, ou uma outra semântica, ou uma outra lógica.

Era sobre isso que Fernando Pessoa escrevia em seu *Livro do desassossego*:

> A gramática, definindo o uso, faz divisões legítimas e falsas. Divide, por exemplo, os verbos em transitivos e intransitivos; porém o homem de saber dizer tem muitas vezes que converter um verbo transitivo em intransitivo para fotografar o que sente, e não para, como o comum dos animais homens, o ver às escuras. Se quiser dizer que existo, direi "Sou". Se quiser dizer que existo como alma separada, direi "Sou eu". Mas se quiser dizer que existo como entidade que a si mesma se dirige e forma, que exerce junto de si mesma a função divina de se criar, como hei-de empregar o verbo "ser" senão convertendo-o subitamente em transitivo? E então, triunfalmente, antigramaticalmente supremo, direi, "Sou-me". Terei dito uma filosofia em duas palavras pequenas. Que preferível não é isto a não dizer nada em quarenta frases?[17]

> A gramática é apenas uma ferramenta. Podemos, sim, transgredi-la. Quebre as regras gramaticais, se com isso a literatura sair ganhando.

OUTRO EXERCÍCIO DE ESTILO

Não há dúvida de que uma das formas mais interessantes de enriquecer palavras e frases consiste em recorrer a algum tipo de combinação impossível.

Proponho-lhe agora um exercício que denomino, um pouco na brincadeira e um pouco a sério, de *"Contradictio in terminis"*. Na realidade, estamos falando do oximoro, figura de linguagem que, já na retórica clássica, era definida como a combinação, na mesma frase, de dois termos que, em princípio, são profundamente contraditórios entre si e que, em boa lógica, não poderiam aparecer juntos.

Contudo, bem sabemos que a literatura não precisa escravizar-se à boa lógica.

Um oximoro, portanto, seria uma expressão como "corra devagar" ou "silêncio ensurdecedor". Ninguém pode correr lentamente e o silêncio não pode nos deixar surdos, mas esse tipo de expressões, ilógicas, mas profundamente literárias, são extremamente eficazes num adequado contexto narrativo ou poético.

Tendo em vista essa rápida explicação, vou lhe pedir que tente criar um texto, curto, mas no qual haja muitas expressões desse tipo.

Trata-se de um ótimo exercício para demonstrar como a palavra pode ser levada mais longe, se formos um pouquinho mais ousados ao escrever.

O escritor alemão Wolfgang Koeppen, após conhecer um manuscrito da autoria de um judeu de Munique que milagrosamente escapou com vida durante o holocausto – como Primo Levi, mas no seu caso escondendo-se num buraco –, escreveu um livro com esse título, precisamente: *Anotações feitas por Jacob Littner dentro de um buraco*. No início do livro há uma passagem que ilustra perfeitamente a que nos referimos quando falamos em *mostrar*.

O protagonista acaba de ser preso. Levam-no a uma delegacia. As horas passam e ninguém lhe diz nada. Encontram-se no mesmo lugar outras pessoas e também algumas crianças que foram detidas quando se dirigiam à escola. Os pequenos choram, porque o tempo passa, estão sem notícias sobre seus pais e, naturalmente, ignoram a razão por que estão ali e o que lhes vai acontecer. O narrador escreve:

> Fiquei bastante tempo sozinho numa sala. Ninguém foi falar comigo. Numa delegacia sempre há coisas para se fazer, mas eu nunca havia pensado que ali, em alguma prateleira, estavam guardados os dados pessoais de todo mundo, e que, portanto, a vida de todo mundo estava sujeita à intervenção e intromissão das autoridades. A comarca era a casa do guarda-trilhos do demônio, de modo que o corpo e a alma, o ser, a existência poderiam ser desviados em direção ao inferno. Dispunham agora da minha vida, que eu considero talvez pequena e insignificante, mas ao menos única, mediante um número. *Minha ficha estava numa fileira ruim*. Eu teria que esperar, calar-me e conformar-me.

Atentemos para a a frase que coloquei em itálico:
Minha ficha estava numa fileira ruim.

Como no caso de Primo Levi, já conhecemos a história, sabemos o que vai acontecer com o protagonista/vítima do relato (o próprio título já anuncia o tamanho da tragédia, é possível intuir tudo, fato que condiciona, e muito, nossa maneira de ler).

A grandeza literária do parágrafo que acabamos de transcrever está no momento em que o narrador, na primeira pessoa, faz referência não a ele mesmo, ou ao seu corpo, ou ao seu espírito, ou aos seus medos e temores, referências que, por outro lado, tendo em vista a situação emocional, pareceriam perfeitamente lógicas. Não faz referência alguma a isso, o que teria sido previsível, lógico, normal, inclusive numa conversação corriqueira entre duas pessoas. Mas não é a lógica da literatura (que sempre é outro tipo de conversação entre duas pessoas).

O escritor fala de sua ficha.

E assim ele resume (e antecipa, e denuncia, nos emocionando) toda a tragédia que sabemos estar muito próxima. Ele nos fala de sua ficha (e a ficha é ele próprio), e diz que está numa fileira ruim.

É ele (e não mais simplesmente a ficha com seus dados) que está numa fileira ruim.

Percebemos agora tudo aquilo que o autor nos mostra? Somos capazes de sentir o acúmulo de intensas sensações que pode nos provocar a leitura de algo que foi escrito precisamente deste modo e em semelhante contexto? E ao mesmo tempo parece absolutamente natural que ele relatasse as coisas assim.

Gustave Flaubert escreveu:

> A perfeição do estilo consiste em não ter estilo. O estilo *é como a água, tanto melhor quanto menos* sabor sentimos ao tomá-la.

Por sua vez, o escritor Carlos Casares dizia sempre que o melhor texto em prosa (o texto em prosa com melhor estilo) é aquele que não chama a atenção pelo estilo que tem. Ou como declarou certa vez o romancista Manuel de Lope, ao falar do seu livro *As pérolas peregrinas*: escrever é um artifício, mas um artifício que passa despercebido. Um estilo perfeito (e nisso coincidem Flaubert, Casares, De Lope, e muitos outros) torna-se invisível aos olhos do leitor. O estilo nos leva a muitos lugares e não percebemos que é ele que nos conduz.

Mostrando-nos caminhos.

> Aprimore seu estilo ao ponto de não ter mais estilo. Que os seus textos sejam naturais. Conheça-se a si mesmo e escreva como só você quer e sabe fazê-lo. Lute para ser um escritor singular. Não queira escrever como esta ou aquela pessoa, por mais que você a admire. Procure escrever como você mesmo. Encontre o seu próprio estilo literário.

Tudo o que estamos dizendo tem muito a ver com o que chamaremos de "autoridade da voz".

No seu livro de memórias, *Viver para contar*, Gabriel García Márquez fala-nos do seu aprendizado literário. Desde muito cedo, estava convicto de que se tornaria um escritor e que, para isso, precisava aprender a ser escritor. Começou a ler uma série de obras essenciais para a formação de qualquer pessoa que quisesse escrever e publicar (nunca é demais insistir na necessidade de aprender com os mestres... lendo-os; o aprendizado jamais termina. Dizia Jorge Luis Borges que até os 30 anos era preciso ler coisas novas, mas dos trinta em diante, somente os clássicos). E porque estava empenhado em aprender a ser escritor, o jovem Gabriel García Márquez vai ao *Ulisses* de James Joyce, ao *A metamorfose* de Franz Kafka, e a muitos outros textos canônicos da história da literatura. Escutemos o que ele próprio nos diz sobre aquela etapa de aprendizado:

> Eram livros misteriosos, cujos desfiladeiros não apenas eram diferentes, mas muitas vezes contrários a tudo que eu havia conhecido até então. Não era necessário demonstrar os fatos: bastava o autor haver escrito para que fossem verdade, sem outra prova além do poder de seu talento e da autoridade de sua voz.[18]

O poder de seu talento.

A autoridade de sua voz.

Para Gabriel García Márquez, o poder do talento daqueles escritores, ou seja, o modo como escreviam fazia com que as coisas se tornassem verdadeiras, sem necessidade (de fato, para quê?) de maiores demonstrações. O leitor experimenta uma voz com autoridade, uma voz legítima, uma voz verdadeira.

Italo Calvino chamaria a essa voz de "voz exata":

> Para mim, exatidão quer dizer [...] evocação de imagens visuais, incisivas, memoráveis.[19]

Uma voz exata, um estilo perfeito: evocação de imagens memoráveis. A palavra que mostra. A palavra convertida numa grande metáfora. Jorge Luis Borges disse certa vez (já o citamos) que uma boa metáfora é aquela que excita a imaginação.

Continuemos com as metáforas. E com Calvino, que compara estilo com o (bom) galope de um cavalo, sem tropeços ou pulos:

> A narrativa é um cavalo: um meio de transporte cujo tipo de andadura, trote ou galope, depende do percurso a ser executado [...]. Os defeitos do narrador inepto [...] são principalmente ofensas ao ritmo; mas são também os defeitos de estilo, por não se exprimir apropriadamente segundo os personagens e a ação, ou seja, considerando bem, até mesmo a propriedade estilística exige rapidez de adaptação, uma agilidade da expressão e do pensamento.[20]

Italo Calvino se queixa do escritor inepto. Santiago Alba Rico, em seu magnífico ensaio *Ler com crianças*, nos faz entender que os leitores sempre exigem que o escritor não meta os pés pelas mãos. Que assuma, desde as primeiras linhas, uma opção de estilo, e seja coerente com essa opção, e faça seu texto obter os melhores resultados (no último capítulo, veremos o que nos diz este autor sobre um dos aspectos mais importantes da boa escrita: os desfechos). Escutemos sua voz a respeito dessa exigência do leitor que, de resto, é obrigação do escritor atender:

> Queremos [...] que o escritor não meta os pés pelas mãos, que assuma sua parte do contrato e acolha os imperativos internos do texto que começou a produzir.

Ao escrever, estabelecemos um pacto com o leitor. E a escrita se transforma num imperativo, acrescentaria eu, de busca de beleza e de estímulo imaginativo.

> **Escrever é fazer um contrato com o leitor.**

Em suma, um texto bem escrito nos incentiva a não parar de ler, e estimula nossa imaginação e memória. E o nosso coração. E isto pode ocorrer até mesmo com os textos mais entediantes.

Como fez ver Calvino:

> Mesmo quando lemos o livro científico mais técnico ou o mais abstrato dos livros de filosofia, podemos encontrar uma frase que inesperadamente serve de estímulo à fantasia figurativa.[21]

Deixemos claro, portanto, que o estilo literário sedutor o é, em parte, pela força com que se saiba explorar as possibilidades imaginativas das metáforas. Eis uma coisa que você jamais deverá perder de vista na hora de escrever. Trabalhe com vigor as suas palavras para que delas nasça uma grande metáfora.

Direi ainda mais: uma grande metáfora exata.

Como afirma o já citado escritor Santiago Alba Rico:

> Uma narrativa é antes de mais nada um instrumento de medição. Ou melhor ainda: um instrumento de precisão.

Voltemos ao romancista Wolfgang Koeppen e ao livro que citamos páginas atrás. Vejamos de novo suas primeiras páginas. O protagonista Jacob Littner assiste ao início do horror, e nos apresenta, pela primeira vez, aos temidos membros da Gestapo. Passa horas dentro de um trem. Centenas de homens amontoados em insalubres vagões de madeira dentro dos quais o calor é insuportável. O trem parou. E fica horas assim, no meio de uma imensa plantação de batatas. O presente é terrível. O futuro que se adivinha (e os leitores intuem o que vai acontecer, pois já conhecem a história) surge como algo tenebroso. Mas observemos como o autor faz o relato. Apreciemos a força da sua voz, a autoridade do seu estilo:

> Depois que o sol saiu, os homens da Gestapo passearam pelo campo de batata. Suas botas altas estavam lustradas. Haviam subido a gola dos casacos de couro no frio da manhã. Pareciam grandes besouros, lúgubres, encouraçados. Também pareciam estar à espera de alguma coisa. Talvez esperassem uma ordem *que algum besouro encouraçado superior* teria que lhes transmitir pelo rádio através da névoa matutina. Por fim se enfileiraram, certamente *na ordem das suas patentes de besouro*.

Como fizemos anteriormente, usamos letras em itálico para dar destaque ao estilo do autor. Neste parágrafo (de frases curtas, incisivas, bastante descritivas), Koeppen se refere a besouros por três vezes. Como um recurso de estilo (recurso que tínhamos visto no texto anterior, o que nos permite reconhecer sua voz, sua maneira de escrever, sua forma de utilizar a palavra para construir o edifício literário), a exemplo do que fez antes substituindo o protagonista por uma ficha, o autor agora transforma os oficiais da Gestapo em besouros.

Faz isso uma vez. E a imagem criada foi tão bem-sucedida que, além de repeti-la duas vezes mais no mesmo parágrafo, poderia ser reapresentada durante todo o livro. Dessa forma, toda vez que o narrador mencionasse "o cheiro dos besouros" ou falasse de "um mundo cheio de besouros", a palavra "besouro" funcionaria como um estímulo (imaginativo) que nos colocaria, emocionalmente, onde o autor quisesse. O autor não está tirando fotos da realidade (os soldados da Gestapo, exceto no território da metáfora, não são besouros); ele atua de outro modo, como Borges pedia, excitando nossa imaginação.

Joseph Conrad fez a mesma coisa no magistral começo do seu livro *No coração das trevas*, quando o narrador relata o início de sua viagem, a partir da Inglaterra, sulcando o Tâmisa em direção ao mar, onde lhe aguardam dias e noites intermináveis até entrar na África pelo rio Congo. Quer nos comunicar o medo que sente diante de uma viagem cheia de incertezas que o levará a um mundo (hoje, um pouco menos) profundamente desconhecido. Ele poderia ter expressado esse medo da seguinte forma: "À medida que nos aproximávamos do litoral, nosso medo aumentava". Mas o faz de outro modo, de um modo magistral:

> Observar o litoral enquanto este desliza ao lado do navio é como refletir sobre um enigma.[22]

Não poderia ter feito melhor. Não poderia ter *contorcido* melhor a linguagem como o fez. Por que nos sentimos envolvidos por este romance logo em suas primeiras páginas? É que Conrad trabalha a linguagem mediante um intenso exercício de pesquisa verbal. Ele sabe que precisa explicar para a sociedade de fins do século XIX, para o leitor europeu daquele tempo, como a África central é tenebrosa (cheia de trevas que vão até o coração daquelas terras). Mais do que *dizer*, no entanto, precisa *mostrar*. Hoje bastaria apresentar imagens de um documentário gravado para a TV ou indicar alguns *sites* na internet. Mas Conrad precisava fazer isso com a literatura. E é com palavras que ele suscita em nós uma série de emoções.

Como Edgar Allan Poe consegue nos aterrorizar com suas *Histórias extraordinárias*? Porque *contorce* a linguagem tal como Conrad faz, mas neste caso para provocar no leitor o pior dos pavores.

> Um escritor com estilo não fotografa a realidade. Ele a desenha de uma forma mais criativa.

MAIS EXERCÍCIOS DE ESTILO

Proponho-lhe um exercício que eu chamo de "criação de atmosferas". É muito útil para escrever um romance. Lembre-se de que, desde o primeiro momento da história, é necessário criar uma atmosfera, ou seja, um marco linguístico dentro do qual vamos escrever.
Suponhamos o seguinte fragmento:

> "Eu não via meus pais fazia muito tempo, embora morássemos na mesma cidade. Hoje cedo pensei em visitá-los. Aos dois. Mas o destino quis facilitar as coisas e, ao passar pelo mercado, vi meu pai numa das lojas. Estava comprando flores. A vendedora lhe entregava um buquê, acho que de rosas. Ele pagou, andou um pouco mais e, para minha surpresa, entregou as flores a uma senhora que eu jamais tinha visto na minha vida. Entregou-lhe as flores. E depois os dois trocaram um longo e apaixonado beijo na boca."

A história começa assim. Agora você deve continuar a contá-la, mas cuidando para manter um determinado tom a partir deste primeiro parágrafo. Escolha uma das possibilidades abaixo e dê prosseguimento ao relato.
Você pode dar continuidade à história:

- Num tom dramático e escandalizado.
- Como uma reflexão. O que digo ao meu pai? O que farei agora?
- Escrevendo uma carta para a sua mãe e lhe contando tudo.
- Aproveitando para contar a história de seus pais anterior a este episódio.
- Imaginando que ele na verdade não é seu pai, mas alguém muito parecido com ele.
- Descrevendo friamente os acontecimentos.
- ...

O mais importante neste momento não é a história em si, mas de que modo ela será contada por você. Queremos sentir o tom dessa continuação. Quando você terminar, poderemos avaliar se conseguiu criar ou não a atmosfera linguística escolhida. Saberemos se as palavras, as frases, se tudo o que você escreveu é coerente com o enfoque pelo qual optou a partir das primeiras linhas (dedicaremos a parte final deste livro para pensar sobre a importância de um bom início de relato).

Queremos ver agora se existe em seu texto uma opção de estilo. Em suma, queremos saber se você é Escritor(a). Com "e" maiúsculo. E não apenas alguém que escreve histórias mais ou menos bem-sucedidas.

Outro exercício interessante para praticar o estilo é tentar dar início ao primeiro capítulo de um romance histórico. Escreva só as primeiras linhas, algumas pinceladas que pretendam fisgar o leitor. Antes de escrever, porém, seria interessante você conhecer um pouco melhor o trabalho de alguns autores mais ou menos célebres do gênero. Por exemplo, Umberto Eco, sobre o qual já falamos antes, e sua obra *O nome da rosa,* ou o escritor catalão Terenci Moix, em seu livro *Não diga que foi um sonho.* São textos tão bem escritos que, durante a leitura, como já comentamos antes sobre o tema da verossimilhança, acreditamos em tudo o que lemos. E por quê? Em parte, porque o "tom" está perfeitamente definido desde as primeiras linhas. Existe "verdade" na maneira como os personagens falam (em geral, no gênero histórico, recorre-se quase sempre à primeira pessoa); existe tanta verdade que pensamos ser impossível que tudo ali não tenha acontecido de fato.

Ofereço em seguida algumas possibilidades para que você se sinta motivado a encontrar sua verdade:

"Fui um dos poucos habitantes destas terras a acompanhar Pedro Álvares Cabral em sua viagem até o Brasil."

(E então, o que aconteceu?)

"Sempre ouvi falar muito a respeito de Cleópatra. Hoje, finalmente, estive diante dela. Na verdade, não é tão formosa como dizem."

(Mas como cheguei até ela? E por quê?)

Tal como no exercício anterior, o resultado será aceitável se o tom, a música, a atmosfera de palavras, enfim, se o marco linguístico criado for convincente para esse tipo de relato.

O estilo tem muito a ver com o que dizia Michelangelo, ao se perguntar, perplexo, como conseguira ele esculpir algo tão belo como a *Pietà* ou o *Davi.* Sua resposta é iluminadora e ajuda a entender tudo o que dissemos até agora sobre o estilo literário: "essas obras já se encontravam dentro da pedra; o que fiz foi tirar o que estava sobrando."

É exatamente isso.

Tecnicamente falando, é isso. Já se encontravam ali dentro. Essas duas esculturas já estavam ali. Essas e todas as outras possíveis esculturas. Era preciso apenas tirar o que estava sobrando. Mas se foram essas duas em concreto que apareceram (e obras dessa magnitude!) e não outras, algum motivo há. Não surgiram por acaso. Houve trabalho por parte do artista. Brotaram das pedras graças a um esforço que não foi de pouca paciência. Um ritmo lento. Uma cadência demorada. Precisão. Um pulso firme desde a primeira vez em que o cinzel tocou o mármore, disposto a encontrar a beleza escondida ali dentro.

É impossível fazer arte (e a literatura é uma das formas da arte) de outro modo. Na linguagem encontram-se todos os possíveis versos, todas as possíveis histórias, longas ou curtas, épicas ou líricas, realistas ou fantásticas (essa era a Biblioteca de Babel de Borges). Em virtude da feliz combinação de letras, significados, signos gráficos, silêncios (tudo isso a que chamaríamos estilo), surgirá uma obra literária.

Recordemos, portanto, a resposta de Michelangelo toda vez que nos sentarmos diante de um computador ou de uma folha de papel em branco. Tenho todo o material à minha disposição. Mas agora tenho de esculpir. E fazer emergir da linguagem o que for melhor, o mais preciso, o que for realmente literatura. Descartar o que está sobrando. Ajustar as peças.

O que faz Edgar Allan Poe nos prender com suas *Histórias extraordinárias*, há pouco mencionadas? Por que são histórias que causam medo? Por que seus personagens são ambíguos, ora fáceis de entender, ora obscuros? Pela mescla, em sua narrativa, de coisas reais e irreais? Sim, tudo isso entra em jogo. Mas, por outro lado, sabemos que milhões de histórias já foram escritas sobre esse tipo de coisas aterrorizantes e sobre esse tipo de personagens (sem falar nos filmes já produzidos). Daí a necessidade de perguntarmos com mais exatidão: por que os relatos de Poe nos prendem desse modo? De que recursos ele lança mão para provocar em seus leitores tantas emoções, efeitos que muitos escritores e a maioria dos filmes de terror não conseguem produzir? A resposta está no modo como Poe nos conta a história, como nos apresenta seus personagens, como nos conduz nessas viagens ao irreal. Digamos outra vez: é pelo modo como escreve Não pelo que escreve.

Seu êxito como narrador residia no estilo. Algo que o próprio escritor norte-americano sabia de sobra. Ao escrever, Poe definia como um de seus principais objetivos assustar o leitor. Mas tinha plena consciência de que, para tanto, contava apenas com a ajuda das palavras. E do seu talento. Por isso, desenvolveu um estilo rebuscado, enchendo suas histórias de palavras de outros idiomas, fazendo muitas citações de autores pouco conhecidos, incluindo frases em latim... Esta era a sua opção de estilo.

E o fato é que Poe consegue assustar e seu leitor se sente assustado.

Voltemos a Joseph Conrad e ao livro *No coração das trevas*. O autor precisa explicar duas coisas ao leitor: que chegaram à África, e que os viajantes se sentem totalmente desamparados nesse mundo que lhes causa tanta estranheza. Como Poe, Conrad quer produzir em nós um sentimento de assombro. Ou melhor, quer que percebamos o assombo experimentado pelos viajantes. E em lugar de nos dizer isso, escreve assim: "Errávamos por uma Terra pré-histórica, uma Terra que possuía o aspecto de um planeta desconhecido."[23]

Depois de semelhante descrição, a África já não é apenas um continente, nem sequer o destino de um grupo de viajantes. Vista pelos olhos literários de Conrad é muito mais do que isso. A África é a pré-história. Um planeta desconhecido. E os navegadores são seres errantes. Era assim, provavelmente, como se sentiam (não esqueçamos que Conrad foi marinheiro; leia o magnífico *Entre a terra e o mar*) e era assim como percebiam aquele lugar, um lugar estranhíssimo aos seus (civilizados) olhos ocidentais.

Conrad não nos oferece uma fotografia da África. Bastam-lhe algumas pinceladas linguísticas para retratá-la muito melhor. E é o que o autor faz em cada passagem desta obra. De modo especial com o personagem central, Kurtz, que não é descrito (dito) de modo direto em nenhum momento do romance. Conrad vai dando as suas pinceladas (tal como Michelangelo usava o cinzel) ao longo das quase duzentas páginas do livro. À medida que uns e outros vão contando coisas a respeito de Kurtz (invisível e enigmático), o personagem vai crescendo e finalmente surge aos nossos olhos.

Ele nos é mostrado.

AINDA OUTROS EXERCÍCIOS DE ESTILO

Falemos um pouco sobre a beleza. Ora, qualquer forma de arte é expressão da beleza. É o que, sem dúvida, fazemos na literatura e, claramente, também na música. O ser humano têm buscado a beleza desde aquele primeiríssimo momento quando, em plena pré-história, um artista anônimo teve a ideia de pintar nas paredes de uma caverna, e o fez da melhor maneira que conseguiu.

O exercício que sugiro agora pretende levar você a mostrar o som das cores. Bem sabemos que as cores não têm som. Óbvio. Mas o escritor pode, com as palavras, dar sonoridade às cores.

Este exercício, portanto, mescla literatura, música e pintura. Escreva sobre os sons das cores.

Você terá que contar como é o som do vermelho, do rosa, da cor laranja, do amarelo, do verde, azul, marrom, cinza, branco, preto, roxo... Meu conselho é que não fique pensando muito na hora de escrever. Procure apenas produzir um texto que faça o leitor visualizar as cores. E nós as escutaremos.

Este é um exercício concentrado em mostrar a musicalidade. Mas também podemos pintar as sombras.

Escrever é saber contar.

E nós contamos, empregando palavras e signos linguísticos.

E formatos.

E tudo aquilo que também não é propriamente escrito.

Escrever, muitas vezes, utilizando todo esse material, consiste em descrever (mas de outra forma).

A partir desta reflexão, descreva:

o movimento,

a luz,

o que se pode ver em alguém mas não é tão evidente,

a quietude,

a escuridão,

...

Um exercício para produzir sons. Outro, imagens. Há ainda um terceiro exercício que nos ajudará muito na tarefa de mostrar.

Dou a este exercício o título "Querer e não poder".

Vamos falar sobre informação. Quando escrevemos, estamos, entre outras coisas, selecionando a informação que queremos dar ao leitor. Daí a importância de não dizermos tudo, mas selecionar o que vamos dizer. Deixemos o leitor fazer suas próprias descobertas.

Os jornalistas devem dizer tudo. Já o escritor não pode nem deve fazê-lo. No fundo, voltamos ao velho tema do dizer e do mostrar.

Escreva, então, um texto sobre o desejo, sobre a ânsia desesperada de encontrar outra pessoa. Mas é proibido citar a palavra *desejo* ou qualquer um dos seus sinônimos. Ou seja, você terá que descrever o desejo sem utilizar esta palavra nem qualquer outra como, por exemplo, *vontade, ânsia, ímpeto, anelo, avidez, aspiração, intuito*... nem os seus antônimos.

RESUMINDO

- Escreva como se estivesse produzindo música. Que seja uma delícia de se escutar, ou seja, que resulte em prazer ao ser lido.
- O objetivo literário é mostrar, e não dizer. Não fale. Conte. Não informe. Emocione. Prenda o leitor. E o assuste, se preferir...
- Faça sua opção de estilo. Responsabilize-se por um determinado tom narrativo.
- Preocupe-se não apenas com as palavras que quer usar, mas com o modo como irá usá-las. Elimine o que estiver sobrando. Atenha-se ao essencial.
- Ouse transgredir a semântica das palavras.
- Reinvente a gramática e a lógica linguística.
- Lembre-se de que um texto literário é fruto do artifício, mas que a arquitetura do texto deve permanecer invisível. Aperfeiçoe o seu estilo até chegar ao ponto de que ninguém perceba que você o tem.
- Leia os clássicos. Aprenda com os mestres. Descubra (e compreenda) o mistério de suas obras, o motivo pelo qual conseguem prender a atenção e suscitar a admiração dos leitores. Depois trabalhe com a ambição de alcançar esses mesmos resultados, fazendo brotar em seu texto uma voz cheia de autoridade literária. Não a voz dos outros, mas a sua própria voz.
- Procure excitar a imaginação de seus leitores.
- Demonstre que você é um(a) escritor(a).

4.
O que caracteriza a boa literatura?

A VIDA E A LITERATURA

Nos três capítulos anteriores, procuramos fazer você compreender que um bom estilo literário se concentra em produzir beleza. Dizíamos no primeiro capítulo que um texto é algo diferente de um texto bem escrito. No segundo capítulo, falávamos da literatura como a grande mentira. Mas uma grande mentira muito bem contada. E no terceiro e mais importante capítulo deste livro, discorríamos sobre a diferença entre dizer e mostrar, sendo o mostrar a característica essencial de qualquer forma de escrita que deseje permanecer e converter-se em algo mais do que um simples texto.

Agora temos de dar um passo à frente, perguntando-nos sobre qual a característica essencial da boa literatura. Não me refiro à literatura, mas à boa literatura, ou à grande literatura. O que nos permite afirmar que um bom romance ou um bom relato são realmente bons? Já vimos que um texto literário não nasce de maneira mais ou menos casual. Tem de ser um texto bem escrito. Seu autor ou autora devem ser donos de uma voz repleta de autoridade. De musicalidade. De estilo literário.

De tudo isso já estamos cientes.

O que precisamos agora, insisto, é dar um passo adiante.

Além da linguagem bem cuidada; além de uma história interessante (não necessariamente interessante *a priori*, pois cabe aos autores tornar interessante toda e qualquer história); além de personagens atrativos e sedutores; além de tudo isso... o que deve ter uma história literária para ser uma grande história? Ousemos responder dizendo que para uma história tocar o leitor de verdade, para mexer realmente com ele, para provocar uma leitura intensa e indispensável... para que se consiga tudo isso que, no fundo, é o que buscam todos os escritores, é necessário também que a história tenha alguma conexão com os grandes assuntos da humanidade, com os grandes temas que desde o início dos tempos vêm preocupando a nossa espécie e que são, afinal de contas, os únicos temas que realmente importam.

A morte.
O desejo.
O sentido da vida.
O amor.
O ódio.
A solidão.

...
Tenho certeza de que se você mencionar agora cinco obras literárias que lhe causaram verdadeiro impacto ao longo de sua vida de leitor, descobriremos que todas elas abordam pelo menos um destes assuntos humanos. Mesmo que sejam histórias protagonizadas por robôs ultramodernos ou por animais, certamente o tema central é um dos citados há pouco, ou algo semelhante. Não é o livro *Eu, robô*, de Isaac Asimov, uma grande reflexão sobre a liberdade e o destino humanos, sobre o nosso lugar numa era ultratecnológica? Não é O *livro da selva*, de Rudyard Kipling, um exercício de investigação sobre o uso da fábula com animais para lições de moral? A literatura faz a vida ser mais vida.

> A grande literatura nos fala da vida e dos grandes temas humanos.

Na verdade, qualquer vida humana pode se tornar, com facilidade, extremamente sem graça. As pessoas reais, em geral, não são interessantes. Talvez o sejam apenas para aqueles que as amam, para os familiares e para alguns dos seus conhecidos. Já os personagens literários, estes são sempre maravilhosos, fascinantes, encantadores, mesmo que se mostrem perversos (lembremo-nos de Kurtz, no romance de Conrad). Suas vidas nos causam inveja. Gostaríamos de viver suas aventuras.

Vasculhe a sua memória de leitor. Com que personagem literário você gostaria de se parecer? Ao capitão Ahab, perseguindo Moby Dick? A Alice, viajando pelo País das Maravilhas? Ao náufrago Robinson Crusoé? À menina Matilda, de Roald Dahl? A Dom Quixote? Ou a Sancho Pança? Ou ao menino Mogli? Ou a Bastian de *A História sem fim*? Ou a Cyrano de Bergerac? Ou a Gregor Samsa em plena metamorfose? Ou a Phileas Fogg? Ou a Harry Potter? Ou a Sherlock Holmes? Ao capitão Trovão? Ou a Mary Poppins? A Píppi Meialonga? Ao Asterix? Ao Mortadelo ou ao Salaminho? Ou ao Cebolinha? Ao Pequeno Príncipe? Poderíamos continuar quase infinitamente. Mas a conclusão será sempre a mesma: Que vidas fantásticas! Que histórias maravilhosas! Quantas peripécias! Quantas vidas vividas com intensidade! Já não são mais personagens fictícios:

existem de verdade e eternamente. Conhecemos pessoas que têm um comportamento quixotesco, ou se sentem como um Robinson Crusoé. Aquelas vidas (literárias) explicam as nossas (biográficas). E aí reside o mérito de um escritor que soube contar a vida através desses personagens. Por mais insignificantes que pudessem ser.

Foi como disse Schopenhauer: "A tarefa do romancista não é narrar grandes acontecimentos, mas sim tornar interessantes episódios pequenos."

É o autor quem torna os acontecimentos interessantes. Nisso estará o nosso mérito como romancistas. Foi o que escreveu também Thomas Mann em seu fantástico ensaio *A arte do romance*:

> O segredo da narração – pois decerto pode-se falar de segredo – é tornar interessante o que realmente devia ser monótono.[24]

A vida, em princípio, é um lugar entediante (oito ou mais horas de trabalho todos os dias, fazendo coisas que, geralmente, ninguém gosta de fazer... e por isso tantas pessoas jogam na Mega-Sena, sonhando libertar-se do trabalho e poder curtir a vida). Ao passar pelo crivo mágico da (boa) literatura, a vida se torna, como disse Thomas Mann, interessante.

Um exemplo perfeito são os três livros de Frank McCourt, escritor irlandês que praticamente precisou esperar a aposentadoria para que pudesse escrever. Em que reside a maior parte do sucesso de *As cinzas de Ângela*, *Esta é a minha terra*, e (dentre os três o mais autobiográfico e, para mim, o mais interessante) *Ei, professor?* A resposta é óbvia: são livros que têm o sabor e o som da vida. Quase podemos tocar a vida nos dois romances e no livro de memórias, digamos, pedagógicas. Transmitem humor, compaixão, esperança, lembranças, doenças, histórias de sobrevivência, fraquezas...

Vida.

Vale a pena ler esta longa citação de Gabriel García Márquez em *Viver para contar*. O escritor está falando de suas primeiras tentativas literárias:

> Para começar, percebi que meus dois grandes defeitos eram dos maiores: a ineficácia da escrita e o desconhecimento do coração humano. E isso era mais que evidente no meu primeiro conto, que foi uma confusa meditação abstrata, agravada pelo abuso de sentimentos inventados.
>
> Buscando em minha memória situações da vida real para o segundo conto, recordei que uma das mulheres mais belas que

conheci quando menino me disse que queria estar dentro do gato de uma rara beleza que acariciava em seu regaço. Perguntei a ela por quê, e respondeu: "Porque é mais belo que eu". Tive então um ponto de apoio para o segundo conto, e um título atraente: "Eva está dentro de seu gato".[25]

Já disse, e repito: esta confissão de García Márquez sobre o início de sua vida como escritor é muito valiosa. Ele publica seu primeiro conto. Ao ver o texto impresso, consegue ter a calma necessária para reler e compreender que não está bem escrito, e que ele, como autor, ainda desconhece o coração humano. Muito bem. Ele errou. Esse conto, literariamente falando, não vale nada. Mas tem memória. Todo mundo, como deixou escrito Borges, é uma memória. Ou, como disse Kafka: "Sou uma memória que ganhou vida". E é aí, na memória, em sua memória, que García Márquez vai procurar situações da vida real. E surge essa frase.

É um relato delicioso.

A escrita já não é desajeitada porque, entre outras coisas, o próprio autor, ao escrever, começa a acreditar que pode fazê-lo melhor. O escritor dá o melhor de si mesmo como autor (cuida da linguagem, busca um estilo) e penetra nos sentimentos humanos reais.

No romance *Laura e Julio*, Juan José Millás nos explica magistralmente o sentimento de perplexidade e torpor que os dois protagonistas sentem no momento em que se dirigem ao hospital, depois de receberem a notícia de que Manuel, seu melhor amigo, encontra-se em estado de coma em razão de um grave acidente. Vão para lá morrendo de medo. Calados, morrendo de medo. O autor tem que nos explicar isso. Um sentimento bem humano. O medo. Esse grande temor é causado pela incerteza da situação que irão encontrar no hospital. E é com uma metáfora que o escritor realiza sua tarefa, com perfeição:

> [...] o casal atravessou a tarde fria e a cidade indiferente na moto de Julio, ambos vestindo trajes especiais que isolavam os corpos da atmosfera externa, cabeça e pensamentos trancados dentro de capacetes que evocavam a textura e a forma do crânio de alguns insetos.[26]

O capacete aqui não é apenas uma peça para proteger a cabeça do motociclista no caso de um possível acidente. No contexto narrativo em que estamos, protege contra o medo do que se vai encontrar no hospital; o capacete é uma couraça para isolar a pessoa de uma difícil realidade. Se a frase fosse outra: "O casal atravessou a cidade de moto, usando capacetes", não teria nem metade do valor literário que possui em virtude da opção feita por Millás.

É por isso que a literatura é fascinante. Porque explica e nos explica.

Como vemos no livro *No coração das trevas*, de Joseph Conrad, que já citamos várias vezes aqui. É um autêntico estudo das emoções humanas. É mais do que um romance. Não se trata apenas de um longo relato sobre a experiência do protagonista no Congo. É, sobretudo, um complexo tratado sobre nossa maneira de sentir a realidade. E sobre a solidão.

Por isso é tão fascinante.

> Quando você for escrever, procure encontrar algo que fascine o leitor. Tenha mais ambição. Não se contente em distraí-lo um pouco.
> Leve-o mais longe. Fale dele.

O escritor inglês Gilbert Chesterton deixou escrito que um clássico é aquele livro que contém uma mensagem para todos os tempos, mas uma mensagem diferente para cada época. Por que um livro desse tipo pode ser considerado um clássico? Qual a razão de ser uma obra válida para todas as épocas? A resposta é simples e coincide com tudo o que temos visto até agora: um livro se torna um clássico na medida em que se conecta com o ser humano, com sua vida, com sua alma.

Joseph Conrad falou de suas aspirações literárias no prefácio que escreveu para a edição de 1898 do livro *O negro do Narciso*. Transcrevo abaixo sua opinião para encerrar este capítulo:

> O artista [...] requisita nossa capacidade de deleite e assombro, o senso de mistério que envolve nossas vidas; traz à tona nossa maneira de experimentar a piedade, e a beleza, e a dor; o nosso sentimento latente de fraternidade com toda a criação – e a sutil mas invencível convicção de solidariedade que une a solidão de inumeráveis corações, e a solidariedade nos sonhos, na alegria, nas aspirações, nas ilusões, na esperança, no medo,

tudo o que une a humanidade –, os mortos aos vivos e os vivos aos que estão por nascer. [...] uma impressão transmitida mediante os sentidos [...], se o seu mais elevado desejo é alcançar o impulso secreto das respostas emocionais. O objetivo artístico, quando se expressa por meio das palavras escritas, deve também aspirar com toda a intensidade à plasticidade da escultura, à cor da pintura, e à mágica inspiração da música – que é a arte das artes. *

RESUMINDO

- A boa literatura é aquela que conta bem. Procure produzir algo mais do que simples textos.
- A boa literatura aborda os grandes temas humanos.
- Os bons livros são aqueles nos quais percebemos a vida.
- Uma boa obra literária não apenas explica mas também nos explica. Fale ao leitor sobre ele.
- Escrever deve ser sempre um estudo a respeito de alguma emoção humana.

5.

Tecer e destecer: Penélope também escrevia

PENSE COM UM LEITOR. A IMPORTÂNCIA DA REVISÃO

Estamos quase no fim deste livro. E acredito que, a esta altura, terá ficado bem claro (e não é por menos: repetimos mil vezes essa ideia) que uma das grandes obsessões de qualquer escritor deve ser aprimorar continuamente seu estilo a fim de encontrar sua própria voz. Ou o que dá no mesmo: trabalhar com dedicação com a palavra para obter a efetividade literária. Foi com essa questão que começamos o livro. Agora é necessário detalhar e aprofundar uma última ideia: a reescrita como verdadeira escrita. Um relato, um romance, qualquer produto literário só estará realmente concluído quando tiver sido revisado.

Mas revisar para quê?

Revisar para publicar.

> Um texto está escrito de verdade quando já foi reescrito.

Por isso é fundamental pensar como leitores.

Precisamos falar agora sobre a necessidade de aprender a tomar decisões como se fôssemos leitores desse texto que estamos escrevendo. Trata-se de um exercício difícil pois, por estranho que possa parecer, a pessoa menos capacitada para avaliar um texto normalmente é o próprio autor desse texto. Mas é preciso esforçar-se. E para isso devo fazer uma série de perguntas essenciais: O meu texto está compreensível? Um leitor que não soubesse nada a meu respeito compreenderia meu poema ou estes meus versos ficaram demasiadamente obscuros? O que está sobrando neste texto? O que está faltando acrescentar? Meu argumento está claro?

Respondo a estas perguntas tomando algumas decisões.

1. Tenho que decidir qual será o "tempo" literário. Vou escrever a história partindo de uma crise? (Quando o protagonista chega à casa em que pretende morar de aluguel, em vez do senhorio encontra um leão que fala.) Optarei por um desenvolvimento contínuo, gradual, contando a história passo a passo? (Apresentação, nó da narrativa, desfecho...).
2. Tenho que me esforçar para encontrar o foco adequado da narrativa. Ou seja, preciso encontrar o narrador.
3. Tenho que decidir qual será o tema.

Tenho, com efeito, que responder a estas três questões antes de me sentar para enlaçar as palavras umas com as outras. Mas, de modo especial, devo ter sempre em mente alguns pormenores essenciais:

1. Devo escrever lentamente. Devo escrever com insegurança. Somente assim encontrarei as palavras exatas para que meu texto ganhe fluidez e minha narração transmita segurança.
2. Devo ir em busca do êxito. Ao dar início à minha história, preciso ter a ambição de escrever a melhor obra literária possível (um clássico). Não vale a pena escrever uma história como outra qualquer. Deve estar, em primeiro lugar, à altura de mim mesmo, e em segundo lugar, à altura de uma comunidade ideal de leitores (de um imaginário leitor muito exigente e competente do ponto de vista literário).
3. Devo começar muito bem e concluir... melhor ainda (dedicaremos a última parte deste livro à arte de iniciar e terminar as histórias).
4. Devo trabalhar a documentação disponível de modo consciente. É necessário que se note que sei do que estou falando (embora esteja falando de androides ou de ovelhas elétricas... ainda inexistentes).
5. Devo, em suma, cuidar de todos os detalhes. Os grandes (perfil dos personagens, os ambientes...) e os pequenos (essa vírgula absurda, esse parêntese desnecessário, essa fala irreal...).

Três perguntas e cinco decisões.
É por onde tudo começa.
No fundo, estas são as perguntas que eu me faço e os objetivos que defino no momento da revisão, quando volto a escrever, e a escrever de novo, e a escrever mais uma vez, até me sentir satisfeito com o produto final... pelo menos durante um certo tempo.

A figura (literária) de Penélope pode ser muito útil para que abordemos a necessidade de revisar um texto pensando como leitores. De algum modo, Penélope, paciente, tecendo e destecendo eternamente, esteve presente ao longo de todo este livro. A mensagem de Penélope é clara: precisamos ter paciência. Ela esperou o retorno de Ulisses durante vinte anos. É óbvio que não precisamos esperar tanto para escrever como queremos escrever, para encontrar nosso estilo pessoal, nossa própria voz repleta de autoridade (embora autores como Marguerite Yourcenar só tenha encontrado sua voz depois dos 40 anos de idade, e Alberto Méndez tenha publicado somente aos 62 anos sua única e maravilhosa obra, *Os girassóis cegos*... Paciência...).

Talvez seja interessante escutar, em primeiro lugar, o que Kafka tem a nos dizer sobre o assunto da revisão.

Numa carta a seu amigo e editor Max Brod, enviada em 17 de dezembro de 1910, escreve:

> Não consigo escrever; não pude produzir uma só linha que eu reconheça como própria; ao contrário, me desfiz de tudo que escrevi depois de Paris, e não era muita coisa. Meu corpo inteiro fica em alerta perante cada palavra; cada palavra, antes de que me permita escrevê-la, olha primeiro ao seu redor.

Muito interessante esta confissão de Kafka. Ele não conseguia escrever, mas, ao contrário, concentrava todas as suas energias em outra forma de escrita: destruir tudo o que não reconhecesse como próprio. E depois disso, a reflexão sobre o modo de escrever (tema sobre o qual mais insistimos neste livro sobre o estilo literário): cada palavra, antes de permitir que eu a escreva, olha primeiro ao seu redor.

Talvez por isso *A metamorfose*, ou *O processo*, ou algumas das narrativas sobre animais de Kafka, nos deem sempre a impressão de que não há nada sobrando ou faltando, nem uma só dessas precisas palavras com que foram escritas.

Naquela mesma carta, Kafka insiste:

> O fato de que tenha eliminado e rejeitado tantas coisas, praticamente tudo o que escrevi durante este ano, também se torna um grante obstáculo para minha escrita. É uma verdadeira montanha, cinco vezes mais do que tudo o que eu já tenha escrito, e esta mesma massa atrai para si tudo quanto escrevo, à medida que algo sai de minha pluma.

Falávamos antes da necessidade de escrever com insegurança, para obter a certeza (a segurança) de que estamos no caminho certo. Kafka expressa aqui esta mesma ideia. Sente-se impedido de escrever pois eliminou e se desfez de quase tudo o que havia escrito ao longo de um ano, uma montanha cinco vezes maior do que tudo que escrevera. Mas observemos como termina a citação: é todo esse material revisado e corrigido que continua a fazer sua pluma escrever.

Kafka não banaliza esta exigência. Num dos cadernos em que anotava suas impressões sobre o que escrevia (já falamos da importância de sempre analisar o que escrevemos), anota (em 8 de dezembro de 1914):

> Tive que admitir mais uma vez que tudo aquilo que escrevi de modo fragmentário numa boa parte da noite (ou mesmo durante toda a noite) é medíocre, e que estou condenado a esta mediocridade em razão de minhas condições de vida.

Como sabemos, Kafka estava equivocado a respeito da qualidade de seus textos. Produzia uma excelente literatura, embora acreditasse que não (lembremos que deu ordens, no leito de morte, para que se queimasse algo tão sublime como *O processo*). Mas justamente por estar tão concentrado no quanto *valiam* os seus textos é que ele progredia como escritor.

> Escreva sempre com insegurança, convicto – como Kafka – de que ainda não revisou e corrigiu seu texto o suficiente, pois acredita que ainda é possível aprimorá-lo.

Em 26 de março de 1912, escrevia Kafka sobre o mesmo tema:

> Se eu supervalorizasse o que escrevi até agora acabaria por tornar inalcançável o que ainda pretendo escrever.

Todos os grandes escritores da história da literatura, todos os grandes nomes que admiramos e lemos, e cujo talento invejamos, todos eles, com seu estilo claríssimo, e identificável, e inimitável, todos sempre reconheceram, num dado momento de suas vidas, que essa escrita que nos parece tão fluente, tão natural e espontânea, na realidade é fruto de um contínuo e obsessivo exercício de revisão, e de mais uma revisão, e de outra revisão.

Um exemplo claríssimo é Jorge Luis Borges. Pode ter existido escritor com um estilo mais claro do que Borges? Contudo, ele entendia sua obra literária como um exercício contínuo de reescrita. Era tão radical em acreditar que escrever era voltar a escrever, que às vésperas de publicar sua *Obra completa* decidiu não incluir vários livros que, a seu juízo, não o mereciam. Repensar o escrito. Detectar vícios. Eliminá-los. Escutemos Gabriel García Márquez outra vez:

A prática terminou por me convencer de que os advérbios de modo terminados em *mente* são um vício empobrecedor. Por isso comecei a castigá-los quando me apareciam pela frente, e cada vez mais me convencia de que aquela obsessão me obrigava a encontrar formas mais ricas e expressivas. Faz muito tempo que em meus livros não há nenhum, a não ser em alguma citação textual.[27]

O grande escritor colombiano transformou-se no seu principal e mais importante revisor de estilo. Eliminava todos os advérbios terminados em *mente*, não porque não gostasse deles (evidente-mente) ou porque não lhe parecessem válidos (obvia-mente). Eliminava-os porque são um vício. Quase diríamos um vício de estilo. Decidindo eliminá-los, estava também se forçando a procurar expressões mais ricas e interessantes.

> Detectar e eliminar vícios é uma forma de você aperfeiçoar o seu estilo literário. A que muletas você recorre com frequência? Há muitos clichês em sua escrita? Não será aquela última frase que você escreveu totalmente desnecessária?

Insisto: refletir sobre tudo isso nos deixa "inseguros". Já não sabemos ao certo se sabemos ou não escrever. E isso é muito bom. Isso é ótimo. Mesmo que já tenhamos um monte de "livros" concluídos.

Por isso devemos voltar a Júlio Verne.

Não conseguiremos entender a obra deste escritor francês sem mencionar seu editor, Pierre-Jules Hetzel. Júlio Verne já lhe havia enviado um primeiro livro. O editor aceita avaliá-lo. E lhe dá de presente um parecer que será definitivo para ele, como escritor, mas também para toda a história da literatura: "Meu jovem, seu trabalho está bom mas terá que refazê-lo. Dê unidade a estes episódios, componha um autêntico romance de aventuras e eu certamente o comprarei. Entregue-me o mais rápido possível. E tenho certeza de que me escreverá muitas outras obras, pois você tem talento."

O livro já estava escrito.

Mas era preciso refazê-lo.

Você tem talento.

Mas é preciso escrever de outra forma.
O resto da história nós já conhecemos.

Ian Gibson, o mais importante biógrafo de Antonio Machado, respondia assim a uma pergunta sobre o método de trabalho daquele poeta espanhol:

> Veja, há onze rascunhos de um poema, que, em virtude do trabalho sobre o papel, vai surgindo como uma borboleta que sai do casulo. As rasuras, os diferentes inícios, ou a reflexão sobre o que se fez. É um processo muito complicado e difícil. É claro que eu acreditava que os poemas surgem à mente e que bastava escrevê-los. Mas você percebe aqui que o processo se assemelha ao de quem vai buscar pepitas de ouro às margens do rio. Inspiração não existe.

Deixando de lado agora o debate (sobre o qual falaremos mais adiante) em torno da existência ou não da inspiração, o que se vê com clareza nessas observações sobre o modo de escrever de Antonio Machado é que o fato de que tenha feito tantos rascunhos antes do poema estar concluído (onze rascunhos!) é a demonstração de que uma obra literária não aparece de repente, mas "vai surgindo como uma borboleta que sai do casulo". Já estava lá dentro, mas é preciso que saia, aos poucos. Não sai na base da força. De todo modo, surge por força da revisão constante. Por isso é tão boa a imagem do garimpeiro que busca pepitas de ouro. É preciso entrar muitas vezes no rio, remover e filtrar grande quantidade de areia para que, no final, surja, mesmo que seja minúscula, uma pepita (um verso) de ouro.

Antonio Machado sabia perfeitamente que as coisas são assim, bem como outro excepcional poeta, Robert Graves, que trabalhava mais ou menos da mesma forma: sucessivos rascunhos até que se sentisse satisfeito com a versão final.

Essa busca, incessante, que em outro momento deste livro chamávamos de "pesquisa verbal", fará com que encontremos nosso próprio estilo, claro, diáfano, nossa própria e singular maneira de contar, e isso redundará em benefício de nossos leitores, que serão capazes de chegar aonde nós queríamos levá-los.

Como dizia Jean Genet, o autor tem obrigação de se fazer entender pelo leitor. Nisso consiste a cortesia do autor para com o leitor. Por isso recomendo sempre que, ao concluirmos uma obra (em particular um romance, que certamente nos manteve meses ou mesmo anos dentre dele), guardemos essa obra numa gaveta para "descansar" de seu conteúdo e personagens, e desse modo poderemos nos distanciar. Depois de um certo tempo, seremos capazes de retornar à obra e, armados com uma caneta vermelha, revisá-la e corrigi-la mais uma vez.

> Utilize um estilo claro. Assegure-se de que domina o tema. Seja cortês com o leitor. Para fazer a última revisão – embora sempre possa haver outra revisão depois da última –, pense como se você fosse um leitor, como se esse texto não fosse seu, como se nunca o tivesse visto antes.

E é assim que a insegurança, da qual falávamos antes, se converte em segurança. O texto que você apresentará ao editor, ou com o qual vai participar de um concurso literário, não será um texto, como dizia Calvino, "descuidado". Ele dizia que, ao entrar em contato com esse tipo de texto, experimentava uma espécie de hipersensibilidade ou alergia, um repúdio intolerável.

Para evitar esse descuido, temos de aperfeiçoar o texto.

Essa mestra da literatura policial que foi Patricia Highsmith escreveu precisamente um capítulo intitulado "As revisões" em seu mais do que recomendável *A criação do suspense*. Sua mensagem não poderia ser mais clara:

> Quando termino de ler o primeiro rascunho de um manuscrito costumo ter uma lista de cinco coisas a serem corrigidas – escrita confusa, uma parte demasiado curta, falta de ênfase em algum ponto do texto –, e uma lista mental de coisas como "ficava extremamente entediado quando ia visitar sua velha tia". Tenho por certo que tornar-se entediante em algum momento do livro é uma falta tão grave que jamais esquecerei. A não ser que eu esteja emocionalmente esgotada naquele dia – e ler os próprios manuscritos pode provocar essa situação –, decido enfrentar o problema maior. Resolvido este problema, começo a me sentir melhor. No entanto, por vezes passam-se vários dias antes de que os grandes problemas sejam superados, sobretudo quando é necessário buscar uma nova ideia.

Highsmith, como Antonio Machado, confere uma grande importância ao rascunho, mas também esclarece que faz parte (talvez seja a parte mais importante) da tarefa do escritor aperfeiçoar seu texto (o filtro do garimpeiro sobre o qual falávamos antes), a fim de eliminar, como ela mesma diz, a "escrita confusa", ou fazer com o que o texto não se torne entediante ("falta grave"). E lembrar que o trabalho é lento. Por vezes passam-se dias para resolvermos os problemas de um texto. Portanto, não fique impaciente. O exercício da revisão deve repetir-se todas as vezes que for necessário, e durante o tempo que for preciso. Isso é algo que você deve a si mesmo, na medida em que seja ambicioso na hora de escrever, e é algo que você deve ao leitor, a quem precisamos fazer entender o nosso texto e usufruir de um trabalho bem realizado. Esta parte do exercício literário (que considero a mais prazerosa) para muitos é o que há de pior. Queremos ver nosso texto concluído imediatamente e podemos perder a calma quando alguém insiste uma vez e outra que ainda é possível aperfeiçoá-lo. No entanto, a recompensa (as pepitas de ouro) bem merece o esforço.

Italo Calvino não falou em pepitas de ouro. Mas a imagem que utiliza não é menos poderosa: a Terra Prometida.

> Por isso procuro falar o mínimo possível, e se prefiro escrever é que, escrevendo, posso emendar cada frase tantas vezes quanto ache necessário para chegar, não digo a me sentir satisfeito com minhas palavras, mas pelo menos a eliminar as razões de insatisfação de que me posso dar conta. A literatura – quero dizer, aquela que responde a essas exigências – é a Terra Prometida em que a linguagem se torna aquilo que na verdade deveria ser.[28]

Percebamos que Calvino não nos fala de uma correção total, mas de emendar cada frase quantas vezes for necessário. O caminho em direção à Terra Prometida é, portanto, muito longo, pois é preciso ir (emendando) frase a frase. Mas um dia chega-se lá. Com esforço, mas se chega. É questão de tempo. De dedicar (muito) tempo. De ser persistentes.

Júlio Verne afirmava que para escrever só se precisa de tempo, paciência e persistência.

**Jamais se esqueça da fórmula de Júlio Verne:
Boa escrita = Tempo + Paciência + Persistência**

Como já dissemos antes, o escritor é, sobretudo, revisor. O genial Augusto Monterroso tinha essa ideia muito clara. No livro de memórias da poeta Claribel Alegría, *Mágica tribo*, que já citamos em outro momento, há uma referência ao perfeccionismo de Monterroso ("Tito" para os amigos):

> Tito buscava sempre a palavra exata, era um perfeccionista, um verdadeiro ourives.
> – Eu não escrevo – dizia ele –, só reviso.
> Certa vez, declarou:
> – O que é um se torna dois: o escritor que escreve, que pode ser ruim, e o escritor que revisa (que deve ser bom).**

Augusto Monterroso, seja nos seus relatos de sete palavras e uma vírgula, como brincávamos no começo deste livro, seja nos seus outros textos, luta para encontrar a palavra exata, porque é um perfeccionista, um ourives literário. E se converte em dois: o que escreve e o que revisa. E que fique bem claro – Monterroso *dixit* –: quem vai se tornar realmente um bom escritor é aquele que revisa. E não aquele que apenas escreve.

Terminemos este capítulo com uma confissão de Marguerite Yourcenar no *caderno de notas* que já citamos:

> Fazer o melhor possível. Refazer. Retocar, ainda que imperceptivelmente, esse retoque. "É a mim mesmo que corrijo ao retocar minhas obras", dizia Yeats.[29]

Esforço para alcançar o melhor. Escrever e retocar. Corrigir. Em suma, todo um exercício de paciência. Como também demonstrou ter um dos melhores escritores de ficção científica de todos os tempos, Philip K. Dick, que escreveu notas em oito mil páginas para terminar sua obra *A exegese*.

Escutemos outra vez Truman Capote. Por ocasião do lançamento de seu primeiro romance (ele tinha cerca de 20 anos de idade), a crítica comentou que era espantoso que alguém tão jovem escrevesse tão bem:

> Espantoso? Mas eu só tinha feito escrever, todo dia, ao longo dos quatorze anos anteriores![30]

Ou José Saramago:

> Mal termino uma página, imprimo-a. Já emendei muito no ecrã, tornarei a emendar no papel.***

Jorge Luis Borges. Gabriel García Márquez. Antonio Machado. Patricia Highsmith. Italo Calvino. Augusto Monterroso. Marguerite Yourcenar. Truman Capote. José Saramago. Todos recomendam a mesma coisa: revise, revise, revise.

Por algum motivo será.

RESUMINDO

- Você só encontrará o seu estilo literário se aprimorar constantemente os seus textos.
- Reescrever é o verdadeiro escrever. E é preciso revisar e corrigir TODAS as frases.
- Antes de considerar um texto "terminado", pergunte a si mesmo se um leitor que não soubesse nada a seu respeito nem de seu texto poderia entendê-lo. É preciso pensar como leitor.
- A paciência é a mãe da qualidade literária.
- Rasurar e riscar é outra forma escrever. Rejeitar o que não tem valor é uma forma de avançar.
- Sinta-se responsável por todas as palavras que escrever.
- Se todos os grandes mestres mostraram-se inseguros com relação ao que escreviam, você não deve fazer diferente. A insegurança é boa.
- Seja para si mesmo o melhor revisor de estilo: procure sempre formas mais ricas e expressivas de escrever. Tome consciência dos seus vícios literários e elimine-os.
- A inspiração é menos importante que a transpiração.

6.

O que começa bem termina bem

SOBRE A ARTE DE COMEÇAR E TERMINAR

Já escrevemos muitas páginas sobre o estilo literário. E muitas coisas já ficaram bem claras.

Agora vamos nos concentrar em dois aspectos fundamentais que nunca devemos perder de vista, e que decidimos chamar a "arte de começar" e a "arte de terminar". Porque se trata realmente de uma arte. Isto é, de uma habilidade, um hábito. Algo que requer treino.

Algo, portanto, que exige tempo.

Certamente todos concordamos que uma das coisas que mais incomodam os leitores é descobrir, no meio da leitura de um livro, que já não estão gostando da história, que a leitura não é fonte de prazer, que os personagens não passam credibilidade, que a trama parece absurda. Talvez, quando éramos jovens, nos forçamos a ler um livro até o final, uma vez que o havíamos comprado. Com o passar dos anos, porém, começamos a abandonar a leitura, com raiva, caso o livro não nos agradasse a partir das primeiras páginas, voltando à livraria para tentar a sorte com outro título.

(Amaldiçoando, diga-se de passagem, o dinheiro jogado fora).

Sim, todos conhecemos esta sensação desagradável.

Mas também conhecemos outra sensação (que nos redime rapidamente da anterior), que é a de pegar um livro, iniciar a leitura, e ficar totalmente cativados por sua prosa magnífica, em meio a uma urdidura de palavras saborosas que nos fazem invejar (se formos escritores) e admirar (como leitores) quem escreveu aquela obra. Quando isso acontece (e felizmente acontece muitas vezes), nos alegramos por ser leitores, e poder participar deste vício supremo e delicioso que é o vício de ler.

Sentimo-nos sequestrados pelo livro. Já podemos sair. Nem o queremos. Quantas vezes você não sentiu tristeza ao terminar de ler um excelente livro? É por isso que os bons leitores não se preocupam com o número de páginas de uma obra volumosa.

Porque ninguém se cansa de sentir prazer...

Nessas circunstâncias, o que nos seduziu (este verbo é o mais certeiro: somos seduzidos e nos tornamos viciados em leitura) foi o estilo literário adotado pelo escritor. E isso é percebido desde o primeiro parágrafo.

Daí a importância da arte de iniciar um texto.

Os autores clássicos sabiam muito bem disso. E começavam invocando as musas, isto é, as deusas das artes, entre as quais se incluíam a música e a literatura. Pediam para que o escritor fosse feliz na escolha das palavras, na maneira de contar/cantar.

Um bom começo nos deixa com boa disposição literária. Por que tantos contos iniciam com a famosíssima expressão "Era uma vez"? Esse começo (tão simples: três palavras) já nos põe numa situação propícia para escutar. Por isso os grandes escritores preocupam-se, e muito, com o primeiro parágrafo de seus romances. Alguns não prosseguem no relato enquanto não se sentem totalmente satisfeitos com este começo. Outros adiam a confecção do começo para quando o romance já estiver praticamente terminado. E então procuram escrever um início avassalador, que fisgue o leitor desde as primeiras páginas.

O intuito é sequestrar o leitor.

É o que confessa Truman Capote quando nos fala do processo de escrita de sua obra *Súplicas atendidas*:

> Em 1972 comecei a trabalhar nesse livro escrevendo primeiro o último capítulo (é sempre bom saber para onde se vai). Em seguida, escrevi o primeiro capítulo.[31]

E vale a pena refletir sobre esta longa confissão de Saramago:

> Continuo a trabalhar no *Ensaio sobre a cegueira*. Após um princípio hesitante, sem norte nem estilo, à procura das palavras como o pior dos aprendizes, as coisas parecem querer melhorar. Como aconteceu em todos os meus romances anteriores, de cada vez que pego neste, tenho de voltar à primeira linha, releio e emendo, emendo e releio, com uma exigência intratável que se modera na continuação. É por isto que o primeiro capítulo de um livro é sempre aquele que me ocupa mais tempo. Enquanto essas poucas páginas iniciais não me satisfizerem, sou incapaz de continuar. Tomo como um bom sinal a repetição desta cisma. Ah, se as pessoas soubessem o trabalho que me deu a página de abertura do *Ricardo Reis*, o primeiro parágrafo do *Memorial* [...].***

Interessantes estas palavras de Saramago: princípio hesitante, sem norte nem estilo, buscando palavras como o pior dos aprendizes (veja: o mestre, inseguro).

Conclusão: é preciso trabalhar com muita persistência para que surja esse estilo inicial.

> Dedique bastante tempo ao seu primeiro parágrafo. Se ele não capta a sua atenção desde o começo, tampouco o leitor irá em frente. Sequestre-o.

Técnicas existem muitas, e ao longo da história da literatura uma grande quantidade delas já foi utilizada. Não as apresentaremos todas aqui. Somente algumas, para que você compreenda a necessidade de elaborar com intensidade esse começo de seus trabalhos.

COMECE O DIA COM ENERGIA, E ALGUMA COISA QUENTE ANTES DE DORMIR

Uma das técnicas mais empregadas, e que costuma dar bons resultados, é iniciar com o despertar, ou com o adormecer.

Nasce o dia. Surge uma nova realidade junto com a luz nascente. Chega um novo dia e, com ele, o inesperado.

O exemplo clássico é o início de *A metamorfose*, de Franz Kafka:

> Quando certa manhã Gregor Samsa acordou de sonhos intranquilos, encontrou-se em sua cama metamorfoseado num inseto monstruoso. Estava deitado sobre suas costas duras como couraça e, ao levantar um pouco a cabeça, viu seu ventre abaulado, marrom, dividido por nervuras arqueadas, no topo do qual a coberta, prestes a deslizar de vez, ainda mal se sustinha. Suas numerosas pernas, lastimavelmente finas em comparação com o volume do resto do corpo, tremulavam desamparadas diante dos seus olhos.[32]

O livro começa assim. Certa manhã... E Gregor Samsa já aparece como um monstro, com a sua couraça, cheio de patas horrorosas. Suspeitamos (não poderia ser de outro modo) que durante a noite algo aconteceu. O que foi, nós não sabemos. O importante, porém, é que isso não interfere no prazer que já começamos a experimentar na leitura desta narrativa. O início é tão avassalador, tão fantástico, tão magnífico, que tanto faz saber ou não como Gregor Samsa chegou a semelhante estado. O que mais desejamos agora é continuar lendo para saber o que vai acontecer. Kafka nos fisga desde as primeiras frases. Estamos sequestrados.

Caso inverso é o de *Alice no País das Maravilhas*, de Lewis Carroll. O escritor não recorre, para compor seu começo alucinante, ao momento do acordar, mas justamente ao seu contrário, quando a protagonista cai no sono como porta de entrada em outro mundo.

POSSO PROMETER E PROMETO: A IMPORTÂNCIA DO PRAZER ESTÉTICO

Um belo início é sempre eficaz, com sérias aspirações estéticas (para alcançar o êxito do sequestro de que falávamos há pouco). Esta é a razão pela qual, no começo deste livro, enfatizávamos a ideia de que não basta escrever, mas que é preciso escrever bem.

Há uma frase sagrada, penso eu, com relação à hora de começar a escrever sobre qualquer coisa: "o início do relato deve sempre ser uma promessa". Leia o meu livro. Prometo que você vai gostar. Leu o primeiro parágrafo? Interessante, não é? Olha, as duzentas páginas seguintes serão ainda melhores. Continue a ler. Continue.

O início deve ser uma promessa, uma antecipação, um véu a ser descerrado, um pórtico a ser transposto. De qualquer modo, faz-se um contrato com o leitor. Um contrato que deve ser honrado especialmente pelo escritor.

Vejamos alguns exemplos claros.

Sem dúvida você reconhecerá este início:

> Muitos anos depois, diante do pelotão de fuzilamento, o Coronel Aureliano Buendía havia de recordar aquela tarde remota em que seu pai o levou para conhecer o gelo. Macondo era então uma aldeia de vinte casas de barro e taquara, construídas à margem de um rio de águas diáfanas que se precipitavam por um leito de pedras polidas, brancas e enormes como ovos pré-históricos. O mundo era tão recente que muitas coisas careciam de nome e para mencioná-las se precisava apontar com o dedo.[33]

Claro, trata-se do livro *Cem anos de solidão*, de Gabriel García Márquez. Este fragmento é um texto canônico por vários motivos. Para mim, no entanto, destaca-se pela beleza, por sua profunda carga evocadora. Por seu estilo. Translúcido como uma gota d'água. Extremamente imaginativo. Com uma enorme quantidade de coisas para fazer ver.

O começo: "muitos anos depois". Depois do quê? E quem se importa em saber? Esta referência a um passado sobre o qual nada sabemos faz surgir em nós a sensação de que o narrador vai contar uma história maravilhosa. "Diante do pelotão de fuzilamento": que terá feito o coronel Aureliano Buendía? Por que razão se encontra ali, diante desse grupo de homens armados com fuzis, à espera da ordem para atirar? E a lembrança: "aquela tarde remota em que seu pai o levou para conhecer o gelo". Que fantástico! Para conhecer o gelo. Não as montanhas, ou o mar, ou o túmulo dos seus antepasados. O gelo. O local: Macondo. Não se encontra em nenhum mapa. Não existe. É a Terra-média. É o País das Maravilhas. É Lilliput. O planeta do Pequeno Príncipe. Macondo: uma aldeia à margem de um rio. Um lugar tão intemporal, ou melhor, pré-temporal, quando as coisas tem que ser nomeadas com o dedo porque ainda não foram batizadas.

A isso eu me refiro.

A isso devemos aspirar.

Não necessariamente à grandiosidade estilística desse início.

Só os gênios chegam a isso.

Mas sim a essa beleza evocadora.

Este é um tema crucial.

É por isso que nós, escritores, demoramos tanto para ir em frente. O mais difícil é ligar o motor do carro e fazê-lo sair da inércia.

Mas quando dá certo, somos capturados.

Escutemos de novo a opinião de Claribel Alegría, desta vez sobre o prodigioso estilo de Julio Cortázar em *O jogo da amarelinha*:

> Logo em seus parágrafos inciais *O jogo da amarelinha* nos fisga. Sua poesia, sua nostalgia que nos morde desde as primeiras linhas, o acaso, as casualidades que não são casualidades, o elemento lúdico e chaplinesco, tudo isso está ali, tudo o que nos enfeitiça através da viagem está vivo nas primeiras páginas.**

SEJA UM ESCRITOR PLURIDIMENSIONAL – ENUNCIAÇÃO *VERSUS* FIGURAÇÃO

Com relação ao que se comentou antes, convém chamar a atenção sobre uma questão vinculada à linguagem (disso se alimenta a literatura: de palavras), que talvez, por ser tão conhecida, costuma passar despercebida. Refiro-me ao fato de que a linguagem é pluridimensional, ou seja, serve para muitas coisas, tem diversos planos.

O mais óbvio é o plano enunciativo. É que utilizamos quase o tempo todo durante quase o dia inteiro. Quando digo, por exemplo, "minha cabeça dói". Todo mundo me entende. É impossível que minha mensagem não seja recebida em toda a sua clareza. O nível enunciativo da linguagem me permite a comunicação no que tange às coisas práticas.

Já a literatura, pelo menos sobre o papel, não é uma coisa prática. A literatura, como já dissemos mil vezes, é produção de beleza, é gozo estético. E para isso é preciso esquecer o plano enunciativo da linguagem. Se eu digo que minha cabeça dói, perfeito, sinto muito, mas está claríssimo, minha cabeça dói, todos me compreendem. Vou tomar uma aspirina e ponto final. Mas se eu digo "tenho uma manada de elefantes latejando em minha cabeça", já pulei de um plano para outro, não estou mais instalado no plano enunciativo da linguagem, mas em outro registro. No nível figurado, essa mesma linguagem que utilizo diariamente para me comunicar sobre coisas práticas torna-se linguagem literária. Utilizei aqui uma figura. Entrei em contato com uma das múltiplas dimensões da linguagem. Quem me lê imagina não somente que estou com dor de cabeça, mas que, mais do que isso, a dor é verdadeiramente atroz. Violenta como uma manada de elefantes correndo por dentro da minha cabeça.

É importante que desde as primeiras linhas chamemos as palavras não pelo seu nome, mas que sejam elaboradas segundo um parâmetro literário, ou seja, figurativo. Essa invocação literária, esse enfrentamento com as palavras cotidianas a partir de um enfoque estético, me levará a estabelecer conexões desconhecidas entre essas mesmas palavras, exagerando alguns dos seus significados, ou mesmo criando novos significados e sentidos muito mais interessantes. Logo, desde o princípio de seu texto, tenha em mente que a linguagem deve ser vulnerada para que você a leve mais longe. Se você for bem-sucedido nessa viagem, o seu leitor estará uma vez mais sequestrado.

DIRETO AO ASSUNTO: ENTREGO-LHE UM PERSONAGEM; OU UM TRATOR (OU: A PRIMEIRA IMPRESSÃO É A QUE FICA)

Outra técnica muito usada ao longo da história da literatura, mas que continua perfeitamente válida por sua eficácia, é o começo direto, sem rodeios, apresentando desde as primeiras linhas um personagem forte, arrebatador, um personagem-trator, que capte toda a atenção do leitor, que o seduza tão logo conheça alguns aspectos de seu caráter. Veremos dois exemplos. Primeiro lançaremos mão de um clássico da literatura, e depois de um autor absolutamente contemporâneo. O objetivo é fazer você perceber que, apesar da grande distância no tempo entre um escrito e outro, a técnica adotada pelos dois autores é exatamente a mesma.

Todos conhecem o impulso inicial do maravilhoso romance *Moby Dick* (1851), de Herman Melville:

> Trate-me por Ishmael. Há alguns anos – não importa quantos ao certo –, tendo pouco ou nenhum dinheiro no bolso, e nada em especial que me interessasse em terra firme, pensei em navegar um pouco e visitar o mundo das águas [...].[34]

Prestemos atenção à força expressiva dessas primeiras palavras. "Trate-me por Ishmael". É algo assim como: "Ei, eu me chamo Ismael, e é assim que vocês devem me chamar, não de outro modo, e a história que vou contar não os deixará indiferentes." Esta é a história de Ismael. Poucas palavras. Mas uma escolha feliz. Por algum motivo esse "Trate-me por Ishmael" é proposto sempre em dezenas de manuais e livros como exemplo de início canonicamente perfeito.

Em 2007, ou seja, 156 anos depois de Melville ter iniciado daquela forma a maravilhosa aventura da baleia branca e do capitão Ahab, um autor muito estranho (e tão estranho que assina com um pseudônimo, e ninguém sabe quem ele é na realidade), conhecido como Torsten Krol, publicou um romance crítico, satírico e mordaz sobre a paranoia antiterrorista estadunidense. O livro se chama *Callisto*. Leiamos suas primeiras linhas:

> Meu nome é Odell Deefus. Sou branco, e não da raça negra, como você poderia imaginar ao ouvir o meu nome. Se você pudesse me ver, certamente não se lembraria de mim depois pelo meu rosto, pois não tem nada de especial, mas sim por minha altura. Tenho quase dois metros, e é isso o que em mim atrai as mulheres. Mas como eu não sou de lero-lero, o namoro acaba antes de começar. Seria preciso ter lábia para isso, e eu não tenho.

Estes são os inícios. "Trate-me por Ishmael". "Meu nome é Odell Deefus". Agora vamos contar nossas vidas. Todos atentos, por favor, porque os tratores já começaram a andar.

POR ONDE COMEÇAR? PELO COMEÇO, É CLARO!

Relacionado ao que acabamos de comentar (a apresentação de um personagem-trator forte, sedutor desde as primeiras linhas) há um tipo de história que escolhe como técnica para o início (nessa busca consciente ou inconsciente por parte autor para fisgar o leitor e fazer com que ele leia o livro até o final), embora possa parecer algo óbvio demais, começar pelo começo, do princípio mesmo, indo do "a" para chegar ao "z".

O leitor abre o livro e, pelo modo como a história se inicia, percebe que a narrativa será feita do princípio ao fim, sem deixar nada para trás.

Segundo esse critério, o início de *David Copperfield*, de Charles Dickens, é considerado magistral:

> Se serei o herói de minha própria vida, ou se essa posição será ocupada por alguma outra pessoa, é o que estas páginas devem mostrar. Para começar minha vida com o começo de minha vida, registro que nasci (conforme me informaram e acreditei) numa sexta-feira, à meia-noite. Notaram que o relógio começou a bater as horas e comecei a chorar simultaneamente. Considerando o dia e a hora de meu nascimento [...].[35]

A técnica é extremamente clara. Eu me chamo David Copperfield e você comprou este livro com o propósito de saber tudo sobre a minha vida. E é o que vou fazer aqui, contar minha vida, desde o início. Tanto é assim que, para que não haja dúvidas, vou me remontar à hora exata em que nasci (meia-noite em ponto), de um dia preciso (uma sexta-feira). E agora, continue a ler.

ALGUMAS PALAVRAS (FINAIS) SOBRE O FINAL

Dizem que o mais importante na degustação de um vinho não é exatamente o seu sabor, mas o sabor específico deixado na boca por este vinho após algum tempo. Ou seja, o essencial na apreciação de um vinho (que não se confunde com beber deste vinho) é o que os enólogos chamam de retrogosto.

De algum modo podemos dizer que ocorre o mesmo com as boas obras literárias. O que experimentamos durante a leitura é importante, sem dúvida (se estaremos ou não sequestrados: o estilo avassalador que nos seduz), mas também o é saber como ficaremos cinco minutos depois, quando tivermos terminado aquela leitura, em geral para nunca mais voltar ao mesmo livro. Valeu a pena dedicar tanto tempo àquela obra?

Há leitores que já leram centenas ou milhares de livros ao longo de sua vida. E desejam continuar lendo. O prazer não nos cansa. Contudo, se nos perguntassem quais obras, dentre as lidas nestes anos todos, consideramos merecedoras do adjetivo "essenciais", não podemos dizer que foram todas aquelas que passaram por nossas mãos e por nossos olhos. Quem dera assim fosse! Mas não é.

Uma rápida pesquisa em nossa memória nos fará perceber que parte dos motivos pelos quais temos maior apreço por determinadas obras reside no modo como terminaram, nos parágrafos finais, por sua intensidade, pelo clímax narrativo a que a narrativa foi conduzida, pelo desfecho que nos tocou e que agora, uma vez lido o livro, nos deixou uma sensação prazerosa, sem decepções.

Foi um trabalho delicado.

Daí a importância da alvenaria fina.

Julio Cortázar dizia que quando escrevemos um relato devemos tentar fazer com que o leitor não seja o mesmo depois de terminada a leitura. Por isso, e embora já tenhamos em outro momento celebrado o início do livro *O jogo da amarelinha*, temos de enfatizar que o autor argentino dedicava uma grande energia também ao desenlace. A última frase, os últimos parágrafos têm que possuir uma carga (estética, categórica, direta, misteriosa... são muitas as fórmulas), de tal modo que o leitor fique "impressionado". E utilizamos esta palavra, aqui e agora, não somente no sentido de "assombro", mas no significado literal: o que foi lido deixou em nós uma pegada, uma impressão, uma marca.

Isto é especialmente importante quando nos concentramos na confecção do conto. Por sua brevidade, temos a obrigação de deixar na memória do leitor um retrogosto especial. E por isso o esforço de concentração linguística e literária tenha de ser máximo na hora de escrever a conclusão.

Uma das maneiras de obter esse efeito (talvez a melhor para o relato curto) seja, por exemplo, produzir um final surpreendente.

Para praticarem este tipo de final, peço às pessoas que frequentam minhas oficinas que escrevam uma breve história. Mas que não a concluam num primeiro momento. Que deixem a última linha, só a última, por escrever. Depois elas devem entregar o texto inacabado para o colega da direita, que terá de propor uma última linha absolutamente surpreendente. Aos que vão concluir o relato pedimos apenas que se concentrem em surpreender o leitor.

Em geral o resultado é magnífico e o autor de (quase) todo o relato sempre se mostra muito contente com o final escolhido pelo colega. Em suma, ao escrevermos um conto ou um romance, temos que dedicar muito tempo às linhas iniciais, mas não menos às finais.

Italo Calvino dizia a esse respeito que, para concluir, é necessário concluir bem:

> As formas narrativas tradicionais dão uma impressão de consumação: a fábula termina quando o herói conseguiu superar as adversidades; o romance biográfico encontra seu final indiscutível no momento em que o herói morre; o romance de formação, quando o herói atinge a maturidade; o romance policial, quando se descobre o culpado.

Quero ressaltar essa palavra que Calvino utiliza: consumação. Algo que chega à consumação já não pode dar mais de si mesmo. É algo que já se concluiu. Isto você deve ter em mente quando for ao encontro do desfecho de seu relato, sobretudo no caso de obras com certa magnitude como é o caso do romance. De fato, uma sensação muito frustrante para os leitores é quando, concluído o romance, fica a impressão de que, sim, não foi ruim, foi relativamente bom, mas seria ainda melhor se tivessem sido suprimidas algumas páginas, às vezes centenas de páginas! Uma história termina do modo que deve terminar e quando tem que terminar. Ou seja, quando encontramos, depois de muita reflexão, o melhor final possível. Mas, veja bem, tem que ser o melhor final literário possível. Santiago Alba Rico nos fala desse melhor final literário possível:

> A autonomia literária abre um espaço no qual, por assim dizer, aprendemos a querer à margem da nossa vontade, aceitando que seja bom – que seja melhor – as coisas acontecerem de determinado modo, não como desejávamos, mas dando nossa aprovação a um mundo que existe independentemente de nossos gostos, de nossa felicidade e até mesmo de nosso senso moral.

O melhor final possível é o que a literatura exige. A literatura é sempre uma entidade autônoma perante a realidade. No mundo real, gostaríamos muito que a moça se casasse com o rapaz, que tivessem filhos e fossem felizes para sempre. Muitíssimo felizes. No entanto, é provável que minha história exija outro final, mais contundente, talvez mais duro, um final mais adequado, um final melhor do ponto de vista literário. A lógica literária não é a lógica real. Quando escrevemos, não temos a obrigação de refletir a realidade, mas transcendê-la e modificá-la. Não necessariamente melhorá-la. Ou às vezes sim. Mas outras vezes o melhor a fazer é piorá-la.

Em última análise, tudo somado, só nos resta oferecer duas conclusões, recorrendo às autorizadíssimas opiniões de dois autores bastante citados neste livro. Dois mestres do estilo: José Saramago e Patricia Highsmith.

Em seus *Cadernos de Lanzarote*, escreveu Saramago:

> Terminado o primeiro capítulo do *Ensaio*. Um mês para escrever quinze páginas...

Meia página por dia. Ritmo lento. Calma. O estilo brota aos poucos. É preciso dar tempo ao tempo. É preciso pesquisar.

E Highsmith:

> O escritor pode revisar e corrigir seu manuscrito com proveito até o último momento antes de entregá-lo à editora. E, se lhe for permitido, ainda pode corrigir com proveito até o último momento antes de entrar na gráfica. Os poetas estão sempre polindo seus versos – alguns chegam a fazer alterações na página impressa –, e são eles os que mais se preocupam com a palavra. "A clareza deve ser algo que não saia da sua cabeça o tempo todo. Esta é ideia que levará você a ter um bom estilo".

> **O melhor critério para conquistar um bom estilo é a clareza.**

Vamos terminar este livro. Agora é de verdade. Mas queremos que Augusto Monterroso diga as palavras finais:

> Embora não pareça, escrever é uma arte; ser escritor é ser um artista, como o artista do trapézio ou o lutador por antonomásia, que é aquele que luta com a linguagem; para esta luta ele se exercita dia e noite.

RESUMINDO

- Deseje que leiam seu livro. Mas, sobretudo, que leiam até o fim.
- Procure sequestrar o leitor desde a primeira linha, fazendo com que tenha boa disposição para escutá-lo.
- É no primeiro capítulo que um romancista aposta tudo. Dedique a isso todo o tempo que for necessário.
- No início, deve-se sempre fazer um contrato com o leitor.
- Os finais são tão importantes quanto os inícios. Procure deixar um bom sabor.

7. Conclusão

AFINAL, COMO É UM LIVRO ESCRITO COM BOM ESTILO?

> *Ao escrever um livro, a primeira pessoa a quem você deve agradar é você mesmo. Se for capaz de se divertir durante o tempo que escrever o livro, certamente conseguirá divertir também os editores e leitores.*
>
> Patricia Highsmith,
> "Suspense – Como se escribe una novela de intriga"

Um livro escrito com bom estilo é aquele cuja leitura proporciona um prazer completo.

Um livro escrito com bom estilo provavelmente também proporcionou prazer para seu autor enquanto foi escrito, independentemente de todo o sofrimento que sua concepção gerou. O parto é doloroso, mas um belo filho compensa tudo.

Um livro escrito com bom estilo é aquele que, com suas palavras, comunica claramente algo a outra pessoa: uma história, um sentimento, qualquer coisa.

Um livro escrito com bom estilo é um livro no qual se trabalhou muito.

Um livro escrito com bom estilo tem uma profunda carga evocadora, capaz de despertar em nossa memória ecos profundos.

Um livro escrito com bom estilo é aquele que nos sequestra, que nos absorve, que nos abduz.

Um livro escrito com bom estilo é aquele que, à medida que vai sendo escrito, manifesta ao autor uma grande força, advinda das palavras nele contidas (as palavras exatas e precisas, as que estão lá, não outras), palavras que têm vida própria, como se estivéssemos num perfeito estado de graça enquanto criamos.

8.
Notas

* Tradução de Gabriel Perissé do original em inglês.
** Tradução de Gabriel Perissé do original em espanhol.
*** Texto original em português.

[1] CAPOTE, Truman. *Música para camaleões*. Tradução: Sergio Flaksman. São Paulo: Companhia das Letras, 2006, p. 9-10.

[2] CALVINO, Italo. *Seis propostas para o próximo milênio*. Tradução: Ivo Barroso. São Paulo: Companhia das Letras, 1990, p. 127.

[3] MÁRQUEZ, Gabriel García. *Como contar um conto*. 4ª reimpressão. Tradução: Eric Nepomuceno. Rio de Janeiro: Casa Jorge Editorial, 2001, p. 307.

[4] CAPOTE, Truman. *Música para camaleões*. Tradução: Sergio Flaksman. São Paulo: Companhia das Letras, 2006, p. 15-16.

[5] PROSE, Francine. *Para ler como um escritor: um guia para quem gosta de livros e para quem quer escrevê-los*. Tradução: Maria Luiza X. de A. Borges. Rio de Janeiro: Jorge Zahar, 2008, p. 14.

[6] SARAMAGO, José. *Saramago: "Los vínculos de Portugal con una España federativa provocarían una revisión total de la relación"*, entrevista concedida a César Antonio Molina em: *Diario 16 (Suplemento Culturas)*. Madrid, 11 de fevereiro de 1989.

[7] MANN, Thomas. *Ensaios* (Seleção de Anatol Rosenfeld). Tradução: Natan Robert Zins. São Paulo: Perspectiva, 1988, p. 17.

[8] MONTERROSO, Augusto. *Viaje al centro de la fábula*. Madrid, Alfaguara/Santillana, 2001, p. 99.

[9] KUNDERA, Milan. *A cortina: ensaio em sete partes*. Tradução: Teresa Bulhões Carvalho da Fonseca. São Paulo: Companhia das Letras, 2006, p. 30.

[10] CALVINO, Italo. *Por que ler os clássicos*. Tradução: Nilson Moulin. São Paulo: Companhia das Letras, 1993, p. 248.

[11] YOURCENAR, Marguerite. *Memórias de Adriano*: seguido do caderno de notas das "Memórias de Adriano" e da Nota. Tradução: Martha Calderaro. 9ª ed. Rio de Janeiro: Nova Fronteira, 1980, p. 309.

[12] CAPOTE, Truman. *Música para camaleões*. Tradução: Sergio Flaksman. São Paulo: Companhia das Letras, 2006, p. 10.

[13] TCHÉKHOV, Anton. *A dama do cachorrinho e outros contos*. 5. ed. Tradução de Boris Schnaiderman. São Paulo: Editora 34.

[14] NERUDA, Pablo. *20 poemas de amor e uma canção desesperada*. 14. ed. Tradução de Domingos Carvalho da Silva. Rio de Janeiro: José Olympio, 1989, p. 49.

[15] CALVINO, Italo. *Seis propostas para o próximo milênio*. Tradução: Ivo Barroso. São Paulo: Companhia das Letras, 1990, p. 105.

[16] YOURCENAR, Marguerite. *Memórias de Adriano*: seguido do caderno de notas das "Memórias de Adriano" e da Nota. Tradução: Martha Calderaro. 9. ed. Rio de Janeiro: Nova Fronteira, 1980, p. 294.

[17] PESSOA, Fernando. *Livro do desassossego: composto por Bernardo Soares, ajudante de guarda-livros na cidade de Lisboa*. 3. ed. 3. reimp. São Paulo: Companhia das Letras, 2011, p. 115.

[18] MÁRQUEZ, Gabriel García. *Viver para contar*. Tradução: Eric Nepomuceno. Rio de Janeiro: Record, 2003, p. 241.

[19] CALVINO, Italo. *Seis propostas para o próximo milênio*. Tradução: Ivo Barroso. São Paulo: Companhia das Letras, 1990, p. 71.

[20] CALVINO, Italo. *Seis propostas para o próximo milênio*. Tradução: Ivo Barroso. São Paulo: Companhia das Letras, 1990, p. 52-53.

[21] CALVINO, Italo. *Seis propostas para o próximo milênio*. Tradução: Ivo Barroso. São Paulo: Companhia das Letras, 1990, p. 105.

[22] CONRAD, Joseph. *No coração das trevas*. Tradução: José Roberto O'Shea. São Paulo: Hedra, 2008, p. 37-38.

[23] CONRAD, Joseph. *No coração das trevas*. Tradução: José Roberto O'Shea. São Paulo: Hedra, 2008, p. 73.

[24] MANN, Thomas. *Ensaios*. Tradução: Natan Roberto Zins. São Paulo: Perspectiva, 1988, p. 19.

[25] MÁRQUEZ, Gabriel García. *Viver para contar*. Tradução: Eric Nepomuceno. Rio de Janeiro: Record, 2003, p. 244-245.

[26] MILLÁS, Juan José. *Laura e Julio*. Tradução: Sandra Martha Dolinsky. São Paulo: Planeta do Brasil, 2007, p. 11-12.

[27] MÁRQUEZ, Gabriel García. *Viver para contar*. Tradução: Eric Nepomuceno. Rio de Janeiro: Record, 2003, p. 258.

[28] CALVINO, Italo. *Seis propostas para o próximo milênio*. Tradução: Ivo Barroso. São Paulo: Companhia das Letras, 1990, p. 72.

[29] YOURCENAR, Marguerite. *Memórias de Adriano*: seguido do caderno de notas das "Memórias de Adriano" e da Nota. Tradução: Martha Calderaro. 9. ed. Rio de Janeiro: Nova Fronteira, 1980, p. 313.

[30] CAPOTE, Truman. *Música para camaleões*. Tradução: Sergio Flaksman. São Paulo: Companhia das Letras, 2006, p. 11.

[31] CAPOTE, Truman. *Música para camaleões*. Tradução: Sergio Flaksman. São Paulo: Companhia das Letras, 2006, p. 14.

[32] KAFKA, Franz. *A metamorfose*. Tradução: Modesto Carone. São Paulo: Companhia das Letras, 1997, p. 7.

[33] MÁRQUEZ, Gabriel García. *Cem anos de solidão*. Tradução: Eliane Zagury. 64ª ed. Rio de Janeiro: Record, 2007, p. 7.

[34] MELVILLE, Herman. *Moby Dick*. Tradução: Irene Hirsch e Alexandre Barbosa de Souza. São Paulo: Cosac & Naify, 2013, p. 18.

[35] DICKENS, Charles. *David Copperfield*. Tradução: José Rubens Siqueira. São Paulo: Cosac & Naify, 2014, p. 21.

Este livro foi composto com tipografia Minion Pro e impresso em papel Off-White 80 g/m² na Formato Artes Gráficas.